# Miontragóid Chathrach agus Dánta Eile

# Miontragóid Chathrach agus Dánta Eile

Cathal Ó Searcaigh

*Miontragóid Chathrach agus Dánta Eile*

Foilsithe in 2021 ag
ARLEN HOUSE
42 Grange Abbey Road
Baldoyle
Dublin 13
Éire
Fón: 00 353 86 8360236
Ríomhphost: arlenhouse@gmail.com

Dáileoirí idirnáisiúnta
SYRACUSE UNIVERSITY PRESS
621 Skytop Road, Suite 110
Syracuse, NY 13244–5290
Fón: 315–443–5534/Facs: 315–443–5545
Ríomhphost: supress@syr.edu

978–1–85132–252–7, bog
978–1–85132–253–4, crua



Clóchur: Arlen House

Portráid pinn den údar: Teresa Kennedy

Pictiúr clúdaigh: Mary Ronayne

Tá Arlen House buíoch de
Chlár na Leabhar Gaeilge
agus d'Fhoras na Gaeilge

# Clár

SA BHAILE ARÍS

do Sheán Ó Cuirreáin an leabhar seo

# Réamhrá

## Cúlra an Chnuasaigh (1970–1975)

Leagan leasaithe atá anseo de mo chéad chnuasach filíochta, *Miontraigéide Cathrach,* a d'fhoilsigh Cló Uí Chuirreáin sa bhliain 1975.

Seán Ó Cuirreáin, fear óg as an chomharsanacht a raibh mé mór leis cuid mhaith de m'óige, a thóg an cúram air féin leis an leabhar beag seo a chur i gcló. Bhí sé ina mhac léinn in Ollscoil na Gaillimhe ag an am agus as a stuaim féin agus lena chuid airgid féin chuir sé an leabhar ar an mhargadh. Bhí sé éirimiúil, eagraithe agus bhí déanamh gnoithe ann riamh. Bhí na tréithe sin leis ó dhúchas. Sheas siad go maith dó agus a ainm i mbéal an phobail mar chlár-reachtaire iomráiteach agus mar fheidhmeannach sinsearach le Raidió na Gaeltachta, agus ina dhiaidh sin mar an chéad Choimisinéir Teanga, post ar fhág sé a shéala sainiúil féin air nuair a dhiúltaigh sé cur suas le dallamullóg an Rialtais i leith na teanga agus d'éirigh sé as an phost. Sin an cineál duine a raibh aithne na hóige agamsa air. Bhí Seán i gcónaí díreach ina chuid dóigheanna. Labhair sé amach i dtólamh i leith an chirt agus na fírinne. Sna blianta adaí a raibh muid mór lena chéile is cuimhneach liom go raibh a chosa aigesean go docht ar an talamh fad is a bhí mise ag imeacht liom le haer an tsaoil, gan fios agam an soir nó siar a bhí mo thriall. Choinnigh seisean leis na fíricí agus choinnigh mise leis na físeanna, ba chuma cé chomh díchéillí, seachránach agus a bhí siad. Agus mar a tharlaíonn go minic, tháinig meath ar chompánachas na hóige agus chuaigh muid beirt ár mbealach féin. Bhí ár gcinniúint féin le leanstan ag gach fear againn.

Eagrán teoranta de chúpla céad cóip a bhí sa leabhar seo nuair a foilsíodh é ar dtús in 1975. Cló na Rosann, Gaoth Dobhair, a rinne an clóbhualadh. Proinsias Ó Muireagáin a bhunaigh agus a rinne bainisteoireacht ar an chomhlacht a leag síos an cló a húsáideadh sa leabhar. Ag an am, bhí an gnó suite sa tseanstór ag stáisiún traenach Ghaoth Dobhair. Póstaeraí, ábhar páipéarachais agus ticéadaí a ba mhó a thairg siad ach bhí siad breá ábalta mo leabhar beagsa a phriontáil agus a cheangal fosta.

Tháinig an leabhar as an chlólann i ndeireadh an earraigh, 1975; íomhá chródhearg ar an chlúdach a shamhlófá le féitheoga an chroí. Ernst Neizvestny, péintéir de chuid na Rúise a dhear an pictiúr seo. Más buan mo chuimhne ba seo an íomhá chlúdaigh a bhí ar *One Day in the Life of Ivan Denisovich* le Alexander Solzhenitsyn, eagrán Penguin na bliana 1973 den leabhar sin. Thaitin an pictiúr liom; bhí sé teibí, nua-aoiseach, samhaltach. D'iarr mé ar Phroinsias cóip a dhéanamh den íomhá seo, rud a rinne sé ar an toirt. Thiontaigh sé an pictiúr bun os cionn, ghearr siar na himill agus ar an dóigh sin chuir sé an íomhá as aithne ionas nach dtiocfadh le héinne gearán a dhéanamh gur íomhá chlúdaigh neamhdhleathach a bhí á húsáid againn. Bhí *frontispiece* sa leabhar fosta – portráid pinn domhsa a rinne Threasa Kennedy, péintéir clúiteach a bhí ina cónaí i dTeach na Locha i gCaiseal na gCorr.

Níor seoladh an leabhar riamh go hoifigiúil. Dhíol Seán Ó Cuirreáin slám acu lena chairde in Ollscoil na Gaillimhe agus scaip sé cuid eile acu thart ar na siopaí áitiúla ar an Fhál Charrach, i nGaoth Dobhair agus ar an Chlochán Liath. Tháinig agus d'imigh an leabhar gan mórán iomrá. Ceart go leor, thug Gréagóir Ó Dúill ardmholadh don chnuasach in *Comhar* agus luaigh Peigí Rose é cúpla uair sa cholún rialta a bhíodh aici ar *An tUltach*. Rinne Timlín Ó Cearnaigh agallamh liom thíos chois na trá i Machaire Gathlán agus chraol sé é ar Raidió na Gaeltachta. Is cuimhneach liom féin gur fhág mé cúpla cóip den leabhar istigh i Siopa an Chonartha i Sráid Fhearchair i dtús an tsamhraidh an bhlian sin agus mé ar mo bhealach go Londain. Gabriel Rosenstock a bhí i mbun an tsiopa an mhaidin sin. Tar éis a phósta, bhí sé ag obair ar feadh tamaill bhig sa tsiopa sula bhfuair sé post buan sa Ghúm. Mar is gnách bhí Gabriel fial lena mholadh agus lena chomhairle. Thug sé liosta domh de dhaoine agus a gcuid seoltaí gurbh fhiú an leabhar a chur chucu: lucht léinn, lucht léirmheasa, lucht nuachtán. Ar an bpointe bhí feachtas poiblíochta á bheartú aige ach mise a bheith ar fáil le hagallaimh a dhéanamh. Faraoir, bhí mise mar atá luaite agam ar mo bhealach go Londain agus cha dtáinig an plean riamh in éifeacht.

Ar scor ar bith faoin am seo, ar an drochuair domh féin, bhí muinín caillte agam as an chnuasach. Tuigeadh domh go raibh na dánta bacach, ciotach agus easnamhach. Bhí ábhar iontu ach ba léir domh nach raibh na hábhair sin tugtha chun solais agam. Bhí, dar liom, splanc spreagtha na filíochta in easnamh orthu. Bhí na línte as alt agus na híomhánna as áit.

Miontraigéide Cathrach! Faraoir, cha raibh de thragóid sa chnuasach ach gur foilsíodh é. Chan iad na *'first fine careless raptures'* a bhí sna dánta seo ach a mhalairt – *'the first fine careless ruptures'*. Bhí náire orm astu de bharr go raibh siad chomh hamscaí, ciotrúnta ina gcló agus ina gcrot. Ba sin an bhreith dhomheanmnach a thug mé ar an leabhar gan mhoill i ndiaidh a fhoilsithe. Dúradh go raibh mé chomh míshásta leis an chnuasach gur stiall mé na cóipeanna a bhí agam as a chéile agus gur úsáid mé na leathanaigh mar pháipéar leithris.

B'fhéidir go raibh an ceart ag an té a chan. Deirim sin mar nach bhfuil aon chóip den leabhar le fáil nó le ceannacht i láthair na huaire. Tá cóip nó dhó i leabharlanna poiblí thall agus abhus ach is tearc a líon. Tá mo sheanchara, Reuben Ó Conluain, bailitheoir mór leabhar ar a theanndícheall le blianta anuas ar lorg cóipe ach sháraigh air go dtí seo teacht ar cheann ar bith acu. Níl agam féin ach cóip amháin agus tugadh sin domh mar bhronntanas cúpla bliain ó shin. Máirín Ní Dhubhchoin, cara ionúin agus bean a thacaigh riamh le haos ealaíne na paróiste, a bhronn a cóip féin orm nuair a fuair sí amach nach raibh ceann ar bith i mo sheilbh níos mó.

Dá mhéad is a bhí gráin agam ar an leabhar san am adaí fadó agus fonn orm é a ligean i ndearmad tuigim anois, cúig bliana agus daichead níos faide anonn, go raibh tábhacht éigin le foilsiú an leabhair. Ar a laghad, thaispeáin sé go raibh guth úrnua ag teacht ar an fhód i dTír Chonaill agus sin i dtréimhse nach raibh mórán cumadóireachta Gaeilge á dhéanamh sa chontae. Aisteach go leor cha dtáinig leabhar filíochta ar bith i nGaeilge as an chontae sa tréimhse sin idir na fichidí agus na caogaidí nuair a bhí borradh mór faoi scríbhneoireacht na gConallach. I dtús na hathbheochana d'fhoilsigh Niall Mac Giolla Bhríde *Blátha Fraoich* (Whaley & Co., Baile Átha Cliath, 1905) agus tháinig *Ór-sgeul an Chreidimh* ó pheann Shéamuis Uí Chréig (J.P. Craig) in 1911. Bhí bearna mhór na mbliantach idir sin agus 1975 nuair a cuireadh *Miontraigéide Cathrach* amach.

Bhí an fear óg a chum *Miontraigéide Cathrach* uaillmhianach ina dhearcadh agus fonn díbhirceach air a bhealach eisceachtúil féin a leanstan, bealach saor scóipiúil 'nach mbeadh ceangailte idir dhá cheann na himní'. Bhí an t-ádh air go raibh sé ag teacht chun cinn mar fhile i dtréimhse a bhí níos báidhiúla le saothrú na filíochta ná mar a bhí in am Sheosaimh Mhic Grianna.

Chan clú na healaíne ná cáil na samhlaíochta a bhí ar Rialtas bunaidh an Stáit seo. Bhí cinsireacht dhian i bhfeidhm ar achan ghné de shaol na samhlaíochta. Bhí, mar is eol dúinn uilig, an Eaglais Chaitliceach agus an Stát i bpáirtíocht lena chéile ag cur ceangal na cráifeachta ar shaoirse na haigne agus ar scóip na samhlaíochta. An rud nach raibh ag teacht le dearcadh cúngaigeanta na nÚdarás – bíodh sé i bprionta, ar an stáitse nó i bpictiúr – dhéanfaí é a chosc agus a cháineadh. Idir 1920 agus 1960 ba é sin an cineál réimis a bhí i bhfeidhm.

I lár na seascaidí tháinig dearcadh níos fabhraí agus níos fadradharcaí chun cinn i dtaca le cúrsaí ealaíne, a bhuíochas sin don Chomhairle Ealaíon agus don mhaolú a rinneadh ar reachtaíocht na cinsireachta sa tír seo. Ó thús na seachtóidí ar aghaidh bhí ócáidí filíochta coitianta go leor agus filí na Gaeilge, bunadh *Innti* ach go háirithe, ag reic a gcuid dánta go poiblí agus ag tarraingt aird na meán cumarsáide orthu féin. Bhí gluaiseacht spleodrach filíochta ar bun acu agus iad i dtiúin leis an óige, leis an tsráid agus le meon na haoise. Spreag siad mé le mo mharc féin a chur ar pár.

Sna blianta idir 1970–1975 a cumadh an mhórchuid de na dánta seo nó ar a laghad na leaganacha tosaigh daofa. Bhí mé ag obair i dteach tábhairne i Londain ar feadh tréimhsí éagsúla le linn na mblianta sin. The Ox & Gate, suite leath bealaigh idir Neasden agus Cricklewood, ainm an tí leanna inar scríobh mé na chéad dréachtaí seo. Idir 1972–74 bhí mé i mo mhac léinn ag An Foras Náisiúnta um Ardoideachas i Luimneach (an NIHE mar a tugadh air i mBéarla). Bhí mé cláraithe sa dámh a rinne Staidéar ar an Eoraip. Ach is beag staidéar a rinne mé ar na hábhair chuí agus is beag aird a thug mé ar na ceachtanna a bhí leagtha síos domh. Bhí leabharlann an-mhaith acu agus sin an áit ar chaith mé bunús mo chuid ama, ag léamh achan rud seachas téacsanna an chúrsa. Ní nach ionadh, i ndiaidh cúpla bliain a chaitheamh ann chaill mé suim sa chúrsa agus d'éirigh mé as gan céim a ghnóthú. Tháinig seachrán na héigse orm agus ní raibh dhá dhóigh ar bith ar an scéal ach luí isteach leis an fhilíocht.

Cé go bhfuil dearcadh diúltach agam ar an chathair sna dánta seo níl ansin i ndáiríre ach *conceit* fileata a phioc mé suas ó Eliot agus ón Direánach. Leis an fhírinne a rá, chuaigh Londain i bhfeidhm orm ar go leor bealaí – saol cultúrtha na cathrach ach go speisialta. Chaith mé go leor ama ag brabhsáil sna siopaí leabhar thart ar Charing Cross agus ag ceannacht corrleabhair nuair a bhíodh airgead spáráilte agam. Bhí éifeacht mhór ag amharclanna an West End orm fosta. Is cuimhneach liom go maith an t-ardú meanmna a thug *Jesus Christ Superstar, Hair* agus *Oh Calcutta* domh. Seo siamsaíocht a bhí dána, dúshlánach agus ceisteach. Réab siad seanmhúnlaí seargtha na drámaíochta as a chéile. Cheadaigh siad do spiorad úr dolba na n-óg lena gcuid ceoil is lena gcuid faisiún éadaí a theacht isteach ar an stáitse. Chaith mé go leor ama fosta ag cuartú sladmhargaí i m*boutique*anna gáifeacha Charnaby Street agus ag mo chóiriú féin i bhfeisteas *hip* na linne. Ba mise an feic saolta ag siúl anuas Shaftsbury Avenue chomh glé gleoite le ruball péacóige!

Sna blianta sin is beag páirt a bhí agam i saol na nÉireannach i Londain. B'fhearr liom i bhfad a bheith i gCovent Garden ná sa Ghaltee Mór. Chan sa Chrown i gCricklewood ná i mBiddy Mulligan's i gKilburn a gheofá mé ach i bpubanna *bohemian* Soho ag déanamh cuideachta leis an aicme aerach. Cha raibh spéis ar bith agam a bheith páirteach san ólachán trodach a bhí coitianta sa Chrown ag an deireadh seachtaine. Theastaigh uaimse m'eiteoga a spréadh agus saol cultúrtha na cathrach a bhlaiseadh.

Chan é nach raibh trua agam do dheoraithe bochta ár dtíre a lig a gcuid rámhaí le sruth sna tithe ólacháin is a chaith an phingin dheireanach i dtóin a bpócaí le hól agus le ragairne gach seachtain. Bhí an obair náibhíochta a rinne siad maslach agus salach ach níos measa ná sin bhí an drochmheas agus an tarcaisne a caitheadh leo. Chan iontas ar bith go raibh siad i lionnta dubha an duaircis. Chuirfeadh an saol suarach a bhí acu lagmhisneach ar dhuine ar bith.

Tá plé níos leithne déanta agam ar mo shaol i Londain sa tsaothar próis *Light on Distant Hills* (Simon & Schuster, 2009) agus tá tuilleadh dánta faoin tréimhse chéanna cnuasaithe sa bhailiúchán bheag *Na hAingle ó Zanadú* (Arlen House, 2005).

Le linn domh a bheith ag freastal ar an NIHE i Luimhneach, ba ghnách liom a ghábháil amach go Mungairit go teach Cyril Uí Chéirín, file a thionóil is a reáchtáil Cúirt Éigse ina theach cónaithe. Is cuimhneach liom barántas na Cúirte a fheiceáil ar an *Limerick Leader* agus chuir mé m'ainm chun tosaigh agus glacadh liom. Thigeadh muid le chéile go rialta ó Shamhain go Bealtaine i ndámh seo na héigse leis na dánta a bhí idir lámha againn a phlé, a scagadh agus dá mb'fhéidir é, feabhas a chur orthu. D'ordaigh Cyril go mbeadh cead canta, cead cainte agus cead cáinte ag cách sa Chúirt. Bhí sé i bhfách go mór le traidisiúin filíochta na Máighe a choinneáil beo. Ba anseo san ochtú céad déag a bhíodh Cúirt Éigse ag Seán Ua Tuama an Ghrinn (1708–1775) agus ag Aindrias Mac Craith nó an Mangaire Súgach mar ab fhearr aithne air.

Ar na filí a bhí mar chuid den chomhthionól nua seo i dtigh Uí Chéirín bhí Art Ó Conghaile, Mícheál Ó Siochrú, an tAthair Mícheál Liston, Beití Nic Suibhne – iníon leis an tSuibhneach Meann – mé féin agus Cyril Ó Céirín, príomhbhreitheamh na Cúirte.

Bhí eolas beacht ag Cyril ar stair agus ar shaíocht litríochta ár dteanga agus tuigbheáil dá réir sin aige nach dtig saothar ar bith a thógáil i gceart mura bhfuil dúshraith an dúchais mar bhonn tógála faoi. Comhartha ómóis a bhí anseo fosta, a déarfadh sé, umhlú don traidisiún agus ónóir a thabhairt do na glúnta d'fhilí a tháinig romhainn. Ach ag an am chéanna, caithfimid féacháil leis an traidisiún sin a chur in oiriúint dár ré féin agus dár gcuid riachtanas féin.

Ár dtodhchaí filíochta a fhí as ár ndúchas – ba sin cuspóir agus spreagadh na Cúirte. Tugadh cuidiú agus comhairle do gach file lena mhachnamh meáite, lena léargas féin ar an domhan, ar an dúlra, ar dhaoine a thabhairt chun solais le héirim an cheoil, le hábaltacht teanga, le bua na samhlaíochta. Foras feasa a bhí sa Chúirt a thug misneach dúinn ar fad a bhí rannpháirteach inti le luí isteach lenár gceird agus lenár ngairm. Sa chomhthionól léannta sin cuireadh oiliúint ormsa in oidhreacht chultúrtha ár dteanga agus i seanluachanna sinseartha na mBard. Bhí an méid a d'fhoghlaim mé sa Chúirt Éigse sin níos tairbhí domh ina dhiaidh sin ná aon rud a múineadh domh i seomra léachta an NIHE. Faoin bhliain 1974 tháinig scaipeadh ar na filí agus scoir an Chúirt. An bhliain sin, foilsíodh *Breith*, curtha in eagar ag Cyril Ó Céirín, cnuasach beag de dhánta a bhí mar fhianaise ar an tsaothrú a rinne muid le linn Úr-Chúirt Éigse na Máighe. Seo dán leis an Athair Mícheál Liston a cuireadh faoi bhráid na Cúirte agus a chuaigh i gcion go mór ormsa. Bhí agus tá teacht aniar sa dán seo go fóill. Bhí ciall leis in 1974 ach tá a dhá oiread déag céille leis inniu agus muid i mbroid ag Brexit.

### In Europa Natus

Eallach Freaslannach ag féarach timpeall caisleán
Normannach
'Gus feirmeoirí ag caint faoin Eoraip!
Liston mar shloinne agam, Mícheál mar ainm dom,
Ní théann an Eoraip ó aithint orm.
An Eoraip ina talamh dúchais dom,
Tála léi *Danube* 's *Maigue*,
Do shíolchuir mo mhuintir i bpáirceanna
Ó *Dunkip* go *Belgrade*.

*Dunkip (Co. Luimnighe)*, 1974

Bhí tús áite tugtha d'*Innti* sna blianta sin mar phríomhiris na filíochta. Bhí sin tuillte go maith aici. Chuir *Innti* fóram spreagtha ar fáil don fhilíocht úr a bhí á cumadh ag glúin d'fhilí óga – Davitt, Rosenstock, Ó Muirthile, Ní Dhomhnaill. Bhí siad ar fad ag cur cor úr i dteanga na coitiantachta. Lena chois sin, bhí súil ghéar na haoire acu ar shochaí chomhaimseartha na tíre. Bhí luisne na hóige ina gcuid dánta agus iad ag bocléimtí go huaibhreach i síbín na samhlaíochta.

Is cuimhneach liom gur cheannaigh mé *Innti* 3 agus mé ag freastal ar an NIHE. Bhí mé i láthair ag Éigse na Máighe amuigh i Má Cromtha in 1973 agus bhí Finín Ó Tuama ansin agus é ina mhangaire shúgach ag reic cóipeanna den eagrán ba déanaí den iris. Ba mhór an spreagadh a thug an t-eagrán sin domh. D'fhág cuid de na dánta marc suntasach ar mo shaothar féin, 'Luimneach' ach go háirithe, dán éachtach le Davitt. Sa dán seo mhúnlaigh sé an teanga as an nua. Tá a chuid Gaeilge úr, íogair agus lánábalta labhairt faoi shaol na cathrach amhail is gur teanga dhúchais na sráide a bhí inti riamh. Ó thús go deireadh tá stiúir an mháistir ag Davitt ar thiomáint an dáin agus é ár dtabhairt ar thuras fríd an *malaise* a mhothaíonn sé i Luimneach. Is fiú liomsa an dán sin a laoidheadh mar cheann de chlocha míle na nuafhilíochta. Bhí talamh úr sroichte sa dán sin agus amharc fadradharcach le fáil againn ar thír na bhféidearthachtaí a bhí romhainn amach.

Ba é Gabriel Rosenstock an chéad fhile de lucht bunaithe *Innti* a d'fhoilsigh cnuasach dá chuid féin. Seoladh *Susanne sa Seomra Folctha* (Clódhanna Teo., 1973) ag Oireachtas na bliana 1973. Níos moille an bhliain sin, fuair mise iasacht den leabhar ó Cyril Ó Céirín. Ar nós dánta Mhícheáil Davitt thug cuid Gabriel guth úr i nGaeilge do thnúthán na n-óg. Bhí a fhís shuáilceach bheannaithe féin á fódú aige i bhfriotal na Gaeilge.

Bhí sé d'ónóir agam in 2013 roghnú fairsing a dhéanamh ar shaothar filíochta Ghabriel agus aiste brollaigh i mBéarla a chur leis an leabhar *Margadh na Míol in Valparaíso/The Flea Market in Valparaíso* (Cló Iar-Chonnacht, 2013). Paddy Bushe, mórfhile i nGaeilge agus i mBéarla, a rinne na haistriúcháin iontacha atá le fáil sa duanaire dátheangach seo. Seo sliocht beag as a raibh le rá agam mar gheall ar *Susanne sa Seomra Folctha*:

> It is a landmark book; a brazen, wildly inventive, erotically charged volume; bursting with an irrepressible urge to defy,

> to challenge settled habits of decorum in style and in subject matter. The luscious nude sitting in a steamy pose on the irreverently green white and gold cover was indeed a bold statement of intent. It was in stark contrast to the more sombre and modest images that beckoned from the covers of Irish language books of the period. With a certain licentious mirth this cover was saying that the time had come for Caitlín Ní Uallacháin to find her G-spot and exult in a lush Gaelic libido. It is a book that announced the coming of a marvellously assured poet and signalled new beginnings in Gaelic poetry ... Here was a new youthful idiom, a roguish urban lingo underpinned by the 'dúchas' but not by any means entrapped by it. Rosenstock, like Davitt, was coining a Gaelic that was colourful and current, a speech that was alive and had a slangy 'joie de vivre' street-cred about it.

Sna blianta atá faoi thrácht agam, 'sé sin ó thús go lár na seachtóidí, bhí iris filíochta á cur amach i gCúige Uladh fosta ach is beag suim a chuirtear inti anois. Foilsíodh ceithre eagrán de *Dánta Aduaidh* idir 1973–76. Gearóid Stockman a thionscnaigh is a bhí mar eagarthóir ar an fhoilseachán seo. Bhí sé de chuspóir ag an iris ardán a chur ar fáil d'fhilí Ultacha a bhí ag scríobh i nGaeilge. Faoi choimirce Roinn na Ceiltise, Ollscoil na Ríona, Béal Feirste, thug *Dánta Aduaidh* deis do na hUltaigh a nguth a chur os ard, filí ar nós: Pádraig Ó Croiligh, Réamonn Ó Muireadhaigh, Aodh Ó Murchú, Gearóid Stockman, Caitlín Ní Chonluain, Sorcha Nic Aoidh, Gréagóir Ó Dúill, Brian Ó Maoileoin, Pascal Mac Gabhann, Anraí Mac Giolla Chomhaill, Pádraig Mac Suibhne, Biatrais Ní Mhaoldomhnaigh agus Seán Ó Cearrbhalláin. Thug a mianach agus a móradh Ultach ina gcuid dánta muinín domh go raibh saíocht Ghaeilge na cúige dea-bheo go fóill. Lena chois sin, thug a gcuid dánta uchtach agus spreagadh domh díriú isteach ar mo cheantar féin mar fhoinse don fhilíocht. Foilsíodh sé cinn de mo chuid dánta in Eagrán 3 (Earrach 1973) agus chuir an t-eagarthóir fáilte chroíúil romham sa réamhrá. Ba mhór agam an moladh poiblí a thug sé domh agus mé i dtús mo ghairme.

Bhí lámh mhór ag Anraí Mac Giolla Chomhaill i bhfoilsiú na ndánta. Bhí seisean ina eagarthóir ar *An tUltach* ag an am agus ó 1973 ar aghaidh bhí comhfhreagras leanúnach agam leis mar gheall ar na dánta a bhí á scríobh agam ag an am. Thug sé comhairle agus cinnireacht mhaith domh sna litreacha a scríobh sé chugam. B'eisean a chuir ar a shúile do Ghearóid Stockman go raibh mo leithéid i mbun pinn agus go raibh flosc scríbhneoireachta orm.

Chomhairligh siad beirt domh stoc a ghlacadh ar fhilí Oirialla – Mac Cuarta, Ó Doirnín, Mac Cumhaigh – agus aithris a dhéanamh ar an chuisle ceoil agus cantaireachta a bhí ina gcuid filíochta siúd. Bhí fairsingeacht dearcaidh i dtaca le friotal na filíochta acu beirt ach thuig siad go rachadh sé chun sochair domh dá ndéanfainn saíocht Ghaelach seo na cúige a shú isteach chomh maith le friotal nuashaothraithe lucht *Innti*. Cothromaíocht idir an sean agus an nua a bhí á moladh acu. Bhí mise ar thóir múnlaí agus *role models*, bíodh siad cianársa nó nua-aoiseach, a thabharfadh fios mo bhealaigh féin domh. Thug mé cluas éisteachta dá gcomhairle ach ghlac sé blianta orm mo ghuth féin a aimsiú.

De na filí Ultacha ba é Séamus Ó Néill an file a ba túisce a d'fhoilsigh dánta a raibh meoin agus mothú nua-aoiseach le brath iontu. Tháinig *Dánta* (Glún na Buaidhe) uaidh sa bhliain 1945. Ba eisean an t-aon fhile Ultach a chnuasaigh Seán Ó Tuama ina dhuanaire ceannródaíoch *Nuabhéarsaíocht* (Sáirséal agus Dill, 1950). Chuaigh saothar Réamoinn Uí Mhuireadhaigh i bhfeidhm orm fosta, go speisialta *Athphreabadh na hÓige* (An Clóchomhar, 1964). Bhí súil aibí an phéintéara aige agus é ag dathú na bhfocal le dathanna gleoite a shamhlófá le h*Impressionists* na Fraince. Thaitin *Safari* le Brian Ó Maoileoin liom fosta, cnuasach a d'fhoilsigh Sáirséal & Dill in 1973. Bhí Brian agus a theaghlach óg ina gcónaí i nGaeltacht Ros Goill ag an am seo ach cha raibh aithne ar bith agam air sna blianta sin. Thug *Ceantair Shamhalta* (An Clóchomhar, 1971) le Pádraig Ó Croiligh ábhar fairsing machnaimh domh fosta. Níor fhoilsigh Gréagóir Ó Dúill a chéad chnuasach go dtí 1981 (*Innilt Bhóthair, Dánta 1966–76*, Coiscéim, 1981) ach bhí a dhánta á léamh agam go rialta sna hirisí agus meas agam orthu. Bhí an prós fileata a bhí á scríobh ag Peigí Rose in *An tUltach* sna blianta sin, agus a raibh cuid mhaith de dhánaíocht ann, ina chúis spreagtha agam fosta. Agus ní fhéadfainn an leabhar seo a chur amach gan Tomás Breathnach a lua. Ba eisean an máistir Béarla a bhí agam agus mé i mo dhalta i nGairmscoil Ghort a' Choirce agus – seachas m'athair agus mo mháthair – b'eisean an té is mó a mhúnlaigh mo dhearcadh ar an tsaol agus a mhisnigh mé i leith na filíochta. Is mithid domh aitheantas a thabhairt do *Slógadh Ghael-Linn* fosta. Thug na comórtais litríochta a bhí mar chuid lárnach de *Slógadh* ag an am, agus na cnuasaigh a tháinig astu, an-spreagadh domhsa, agus do go leor eile, dul i mbun pinn.

Bhí réamhrá beag leis an chéad eagrán de *Miontraigéide Cathrach*; mise ag iarraidh mo dhearcadh ar an tsaol agus ar an fhilíocht a chur in iúl. Cha raibh sa chuid is mó den aiste sin ach gliogar na gcág, caint san aer. Ní fiú liom an réamhrá sin a athfhoilsiú ina iomláine ach thall agus abhus bhí barúlacha ann a raibh brí éigin iontu:

> Ealaín atá san éigse a thig chun solais i bhfocla ach tá sí níos bunúsaí, níos caolchúisí, níos rúnmhaire ná mar atá focla nó smaointe. Tá sí chóir a bheith chomh teibí le fonn ceoil agus dálta an cheoil corraíonn sí an croí, spreagann sí an tsamhlaíocht, musclaíonn sí na céadfaí. Nuair a thig dán chugam as an doiléireacht, nuair a thuirlingíonn sé orm in iomlán a ghlóire, ag ligean a aithne agus a rúin liom, braithim go bhfuil an foilsiú diamhair sin cosúil leis an ardú meanma a fuair Noah agus a threibh nuair a chonaic siad an colmán ag eitilt chucu agus craobhóg olóige leis ina ghob. Bhí deireadh le fánaíocht, bhí talamh tirim sroichte acu ...
>
> Ó bhí mé i mo thachrán ag éisteacht le m'athair ag léamh dánta Robbie Burns amach os ard, mheas mé go raibh draíocht

ag baint leis an fhilíocht. Cé nár thuig mé na dánta sin ag an am – cha raibh Béarla ar bith agam, chan amháin an chanúint Lowlands Scots a bhí á húsáid ag Burns – mhothaigh mé go raibh rud inteacht diamhair sna patrúin fuaime a chruthaigh sé. Dá dtiocfadh liom féin focla a chur i gceann a chéile ar an dóigh sin, mheas mé go bhfosclódh siad doirse rúin domh ar an tsaol ...

Tuigim gurb é mo dhualgas mar ógfhile cíoradh a dhéanamh ar an teanga ársa a fuair mé mar oidhreacht ó na glúnta a tháinig romham: *donner un sens plus pur aux mots de la tribu,* mar a chan Mallarmé, brí níos glaine a thabhairt do chaint na ndaoine. Mar *fakir* ag mealladh na péiste as bascáid lena fheadóg bhinn, ba mhaith liomsa a bheith ábalta na focla a dhúiseacht is a chur ag rince le binneas mo phinn.

Cha raibh ansin ach uaillmhian shoineanta na hóige, ag déanamh mór is fiú domh féin is gan faic ar a chúl. Thig liom gáire beag a dhéanamh faoin mhórtas sin anois ach tá lúcháir orm fosta gur éirigh liom thar na blianta dlús éigin a chur faoi chaint na hóige.

Cathal Ó Searcaigh<br>
Oíche Nollag na mBan, 2021

# MIONTRAGÓID CHATHRACH AGUS DÁNTA EILE

# I

# Sa Bhaile

## Teach

Tá an ghaoth ag spraoi
sna dreasóga
ar leac na tairsí,
is na neantóga
i réim go tréan
anseo cois teallaigh.

Anseo bhíodh teach,
anseo bhíodh tobar,
anseo bhíodh teaghlach
go dian ag obair.

Anseo bhíodh guí,
anseo bhíodh gáire,
anseo bhíodh aoibh
ar bhuachaillí báire.

Anseo bhíodh pósadh,
anseo bhíodh pórú,
anseo bhíodh saothrú
le talamh a shíolú.

Tá an teach tréigthe,
an tobar triomaithe,
an teaghlach scaipthe
sna ceithre críocha.

Tá an ghaoth ag spraoi
sna dreasóga
ar leac na tairsí
is na neantóga
i réim go tréan
anseo cois teallaigh.

## Ag an Bhailé

Órdhuilleoigín na Samhna
cois róid ag damhsa
do na gamhna óga
i bPáirc an Chabhsa.

Órdhuilleoigín na Samhna
*ballerina* na gaoithe
ag déanamh cor is lúb
le Nijinsky, an t-uan reithe.

Ach i bhfuadar na feirme
leis an tsodar dhaonna,
ní mhórfar choíche
órdhuilleoigín na Samhna.

*1971*

## TUAR

Níl ionamsa ach tuathalán
i measc na bhfear tuaithe;
iad seo atá deaslámhach, atá lán
d'iontaoibh shinseartha as a ngnoithe
i mbeathú eallaigh, i dtógáil ballaí,
i mbaint mónadh, i bpórú préataí.

Ionamsa, tá cor tuathail ó nádúr,
an lé seo le déanamh dáin,
an dáimh leis an smaoineamh úr.
Deir fir na tuaithe go bhfuil seachrán fáin
do mo chur ó mhaith is amú
nuair atá feidhm liom sa tséasúr.

Chan fear spáide mé ná fear sleáin,
fear a dhéanfadh cruach ná cliabh,
ach fear díomhaoin ag déanamh dáin
amuigh leis féin sa chnoc is sa tsliabh,
is nach é sin a thuar mé domh féin,
uaigneas aerach i measc mo dhaoine féin?

*1972*

## Páirc Mhéabha

Ní cuimhneach le mo dhaoinese inniu
cliabhán nó cill na mná
a mheall le hacmhainn a cnámh
caorán tur gan dáimh;
a chuibhrigh é i gcuibhreann
anseo os cionn Loch an Ghainimh;
a thug chun cineáil é agus chun toraidh
ionas gur phléasc sé i mbláth
le coirce agus le préataí
nuair a mhuirnigh sí an domasach ann
le lámh mhiangasach an ghrá.

'Na cónaí anseo ar an uaigneas, ina haonarán
ba é an cuibhreann a cumann is a leannán.
Air do dháil sí a dúthracht gach lá,
cíoch agus cuas a banúlachta, a grá.
Ach anois tá dúchas fiáin an chaoráin
i dtreis san áit a cheansaigh Méabha;
fraoch agus feaghacha ag fás i bhféitheacha
a cuibhrinn, á gharbhú agus á dhéanamh giobach,
ionas gur doiligh é a aithint níos mó
agus cosúlacht an phortaigh ar a chló
anseo ar learg lom na Malacha.

I mo sheasamh anseo i léas deiridh an lae
ag carnán cloch a tí, tráthnóna geimhridh
i naoi déag seachtó a trí, ag mothú na gcloch seo
a shaoirsigh sí, ag spíonadh na domasaí seo
a mhíntírigh sí, ag léamh na laoi cumainn seo
a d'fhág sí ina diaidh i scríbhinn an chuibhrinn,
mothaím, ní nach ionadh, go bhfuil sí fós beo anseo,
go bhfuil a spiorad faoi chónaí i gcloch is i gcré
is go bhfuil sí 'mo spreagadh anois, bé na céille,

is mé ag saothrú an dáin seo as caorán na cruthaitheachta
mar a shaothraigh sise an cuibhreann as caorán an tsléibhe.

## Rannpháirtíocht

Tá muid rannpháirteach i gcinniúint a chéile:
Tarraing buille feille anseo sa bhaile
agus láithreach i dTehran na hIaráine
ligfidh duine éigin scread péine.

Má dhiúltaítear d'fhear déirce
go fuarchroíoch i nGort a' Choirce
cneadóidh goin ocrais a mhacasamhail
ar shráideacha sceirdiúla Chalcutta.

Ach má dhéantar gáire croíúil i gCaiseal na gCorr
tiocfaidh aoibh áthais ar lucht na comharsan
ó Chúl an Chnoic go hAfghanistan.

## Sneachta

Tá an sneachta ag titim go ciúin,
an tír geal bán, gach cuimhne glanta,
an fuacht ag gabháil go cnámh ionam.
Tá mé ag iarraidh focla a scríobh
a bheadh lán de theas.

Tá an sneachta ag titim go ciúin,
tús úrnua.
In ainneoin chrá na beatha agus
chreatha fuachta an tséasúir,
tá dóchas an earraigh ag bíogadh mo phinn.

## Bóitheach na Bó

Tá bóitheach na bó beo
lena briathra bainne.

A húth chomh trom
le foclóir,
a hanáil chomh tomhaiste
le dán díreach.

Sa chuibhreann
ólann sí a sáith
de ghutaí gorma na spéire
agus itheann sí a dóthain
de shiollaí glasa an fhéir.

Lena ruball stiúrann sí
cór aingli na gcuileog
is lena géim mórann sí
iomann maidine an smólaigh.

Blaisim uachtar glé
a cuid éigse
i mbucaod bainne mo mháthar.

*1970*

## Maidineacha i Mín a' Leá

### I

Thuirling éan maidine
is chan amhrán gréine
i gcrann na fuinseoige.

Ghealaigh solas an lae
fríd chomhla na fuinneoige
níos boige ná póg.

II

Ólaim bolgam
d'fhíoruisce milis
an tSolais.

Is ním mé féin
le boiseog de cheol
na n-éan.

## Scríbhinní

Clagarnach an chloig
anuas ar mo leabaidh –
Piocóid atá ag smiotadh
mo shaoilse go tapaidh.

Na scríbhinní breacbhuí
tréigthe sa tarraiceán –
Iad chomh fada ón Fhírinne
is atá páipéar ó chrann.

Tafann an tsionnaigh
ón choillidh uaithne
an iairiglif is dual
ar charn mo chuimhne.

## Amhrán na hOíche

Agus tú ag caint liom, a chroí,
    i dteangaidh na nDraoi',
is tusa an ghaoth
ag cogarnaigh sa tsiolastrach
    ar mhínte Fhána Bhuí.

Agus tú ag suirí liom, a chroí,
    le méara an earraigh,
is tusa an bláth buí
ag aibiú ar an aiteannach
    ag Áit a' tSeantí.

Agus tú 'm'fhágáil, a ghrá,
    ar lom bhán na trá,
is tusa an ré
ag tarraingt na farraige isteach
    i gcé mo chléibhe.

## *If You're Going to San Falcarragh Be Sure to Wear Your Rosary Beads in Your Hair*

Ar na Croisbhealaí a casadh orm iad
lá aonaigh sna seascaidí;
soiscéalaithe na mbláthanna is an ghrá,
iad niamhrach i mbratógaí.
Ó dhuine go duine, rósanna leo i mbascáidí,
thimpeallaigh siad an margadh,
ag tairiscint do chách tabhartas cumhra
na mbláth – rósbhéile báúlachta.

*This rose that we share with you*
*is the blood and body of love,*
*do this among yourselves.*

D'fhéach muid orthu is bhí mana catha
ar ár n-aghaidheanna fógartha.
'Ruagairí reatha', a scairteadh ón chúl
is i gcaint ard mheathlaochúil
dúirt glagaire beag gur crúb stail asail
a bhí de dhíth lena dheargéacht a chur i gcrích.
'Dia ár gcumhdach', arsa diúlach meisciúil,
'tiompaígí na stainníní ina mullach.'

*This rose that we share with you*
*is the blood and body of love,*
*do this among yourselves.*

Ní fhaca muid le samhail ná le súil, muidne
a thaithíonn go maíteach,
an tAifreann deasghnách, dea-mhéin
Chríost in abhlann bhláth.
Ní fhaca muid ansiúd os comhair an phobail
ach 'diamhaslóirí an diabhail,'
is chúlaigh Críost roimh sciúirsí ár súl
siar isteach ina shoiscéal.

## Cinniúint

Síneann solas na maidine
go soineanta sámh
fríd bhearnaí sna cuirtíní
agus mé i mo luí i dtámh
maidin bhuí samhraidh
anseo i Mín a' Leá.
Síneann sé isteach, lámh
páiste ag méaradradh
i measc na leabhar, ag muirniú
na mbláth, ag súgradh
leis an dusta, ag déanamh
bánaí bánaí le mo scáth
sa scáthán, ag cigilt
mo shúl, ag líocadh
is ag slíocadh m'fhoilt.

Corann solas na maidine
isteach chugam, chomh muirneach,
muiníneach; chomh rógánta,
rāscánta; chomh lán d'ámhaillí
na hamaidí; chomh beo
leis an pháiste, an ghin
shaolta nach dual domh
a ghiniúint go deo.

*1972*

## Coinnle

I ndiaidh gach cumann dá raibh eadrainn, níl focal
as a bhéal amhail is dá mbeadh sé i dtámhnéal.
Seo mo scéal! Lá ag teacht agus lá ag imeacht, a dtinidh
ag gabháil as mar na coinnle a lasann sé sa tséipéal.

## DÓCHAS

Spideog bheag an gheimhridh
ag canadh i bhfann na gcrann.
I lom an tséasúir bíogann rann.

## Táblaí

Nuair a hiarradh ar Eoghan
a chuid táblaí a rá
is muid i rang na n-ardnaíonán,
liostaigh sé táblaí Mhín a' Leá.

'Tábla John Mhánais,
Tábla Dhonnchaidh John,
Tábla Mhicí Joe,
Tábla Jimí Sheáin,
Tábla Mhánais Pheigí,
Dhá thábla againn féin.'

Domhsa bhí níos mó céille
sa mhéid a chan sé
ná sna huimhreacha teibí
a chiap is a chráigh mé.

Cuimhneoidh mé ar na táblaí sin,
táblaí fiala an bhaile
nuair atá dearmad déanta agam
ar tháblaí dúra na scoile.

## Paidir an Fhile

Is ábhar sóláis aige an solas diamhair
a tchí sé idir na cnoic.
Is aoibhinn leis lása geal na sceach
agus síoda mín an tromáin.

Seo an taobh tíre is ansa leis ar an domhan.
Seo a Bhé thalmhaí, a bhean ghaoil;
Is breá leis a gné agus í i gclóca corcra
fraoigh, a cuideachta meala,
agus a cuid cainte lán d'fhuiseoga.

Eisean airdeallaí an earraigh agus súil
aibí an fhómhair; an té a théann
ar thóir na rún i lorgacha tarracóra,
i dtoit uaigneach ó theach baitsiléara,
i nguthanna san fhéar, in uachais an chiúnais.

Tugann sé ómós do Spiorad Ghlas
na nDúl, an fhoinse bunaidh a choinníonn
na reanna neimhe sa tsiúl,
a chuireann spraoi san fhéileacán, fuinneamh
sna cuiteoga agus cumhracht san aiteannach.

Umhlaíonn sé do sholas bheo an lae
a scaipeann a thíolacthaí glórmhara
ar mhám is ar ghleann, ar learg is ar loch.
Is canann sé paidir a dháin.

# II

# SA CHATHAIR

## Sráideacha

Idir sráideacha cúnga
Shean-Bhaile Átha Cliath
a chuaigh mise, a rún,
ó dhubh go liath;
Idir sráideacha cúnga
agus treibh gan teanga
a chaill mé mo mhisneach
ag múineadh ranga.

Idir sráideacha cúnga
a shiúlaim gach oíche
ag cuartú an chairdis
nach bhfaighidh mé choíche;
Idir sráideacha cúnga
a mhothaím na bliúnna
ag siúl ar an uaigneas
síos na seanchéanna.

Idir sráideacha cúnga
a théim as mo mheabhair
ach is cuma leo, is cuma leo,
cha dtugann siad cabhair;
Idir sráideacha cúnga
a tuigeadh domh féin
gurb é dán ár mbeatha
a bheith beo i bpéin.

Idir sráideacha cúnga
an leatroim is an léin
a chuaigh mé le drabhlás
is a fágadh mé liom féin;
Idir sráideacha cúnga
i bhfad ó mo dhúchas
a chaill mé mo lúth
is a gheobhaidh mé bás.

## GEIMHREADH I GCATHAIR

*i gcead do Shéamus Ó Néill*

I gcaitheamh na hoíche
tháinig Samhain lena gháire fann
agus lena dheimheas gaoithe
ag lomadh na gcrann
agus roimh bhreacadh an lae
bhí sé réidh, olann chatach
na gcrann sníofa aige go glé
ina bháinín bhreacach bhuí.

Inniu tá súil ríoga
faoin Life agus í ag sní go gradamach
síos na seanchéanna;
sráidbhean mhaiseach óg
i bhfallaing mheallacach na nduilleog.
Í ag tabhairt a háilleachta is a gnaoi
trí shráideacha gruama an gheimhridh.

## HIGH STREET, KENSINGTON, 6PM

Blaisim ar uairibh
i maistreadh sráide
babhla bláiche
i riocht dáin.

## Cíoradh

Cé nach bpillfidh mé chun an bhaile go brách
ar dhúiche na gcnoc is na gcaorán
níl uair – i dtráth nó in antráth –
dá gcíoraim dlaoithe donnbhuí
nach gcuimhním go huile agus go hiomlán
ar shiorradh gaoithe ó Mhám a' tSeantí
ag slíocadh fraoigh go síoraí in Altán.

## Deoraíocht

Slogtha gan iomrá
i gcraos alpach na cathrach:
amharc air anseo
ag streachlánacht thart gan treo
sna sráideacha suaithní seo
sa ghleo gháifeach seo;
doirse an doichill,
á ndruid roimhe is ina dhiaidh:
glas-stócach an tsléibhe
ar strae i dtoitcheo na cathrach.
Is fada leis an bealach
ó inné go dtí amárach
is gan aige le seal
ach ón lámh go dtí an béal
is gan duine ná deoraí
a thógfadh cian dá chroí
sna slóite coimhthíocha seo.
É sa tsiúl go síoraí
ag cuartú an chairdis
nach bhfaighidh sé choíche
is ag teitheadh san oíche
go tearmann an tsuaimhnis
istigh i bhfásaigh sléibhe
a shamhlaíochta, agus ansiúd
san áit is uaigní ina chroí
ag cur snasa ar a sheanchuimhní;
ag déanamh dánta as a dheora deoraíochta.

Agus é sa tsiúl mar is gnách
cé acu i dtráth nó in antráth
tchíonn sé iad ag stánadh air
ó chúl-lánaí caocha agus ó leithris liatha;
súmairí adharcacha na sráide,
a gcuid súl ag titim air

mar shúistí, is iad ag santú
lí is bláth a bhreáthachta
lena gcraos a shásamh;
ach deis a fháil, dhéanfadh siad an buachaill a shú as
ó chnámh go smior is
ó smior go smúsach
gan a n-aithne a ligean leis.

Bogann sé leis anois
go mall is go fadálach;
ciaróg bheag bhocht an anáis
i ngráscar beatha
le seangáin shéirseacha an déanfais;
ag malartú físe
ar thlámán baoise;
ag coraíocht in aghaidh an tsrutha;
ag fíodóireacht dánta
go tútach, go tochtach
ar sheanseol na Cumha.

## Smaointiú

Tá gúna na gealaí
ina thriopaill órbhuí
ag sní in uisce na habhna.

I mo sheasamh i mbéal na gaoithe
tchím na busanna déanacha
ag iompar aonaráin uaigneacha
abhaile go deireadh na hoíche.

Ba chóir domh cuntas
a thabhairt, a ghrá,
ar a bhfeicim sa chathair,
ach tá mé ag smaointiú
ortsa, atá
i bhfad as láthair.

Tá mé i ngrá leat
is ní thig liom é a sheachaint
ach oiread is a thig leis an ghealach
a gúna a choinneáil amach
as uisce salach na habhna.

## Cathair

Smaoinigh mé airsean i mo shiúl aréir
　　is an saol ag goillstean orm go cráite;
airsean nár chleachtaigh ariamh cathair
　　ná dóigheanna damanta na sráide.

Chuala mé a dheisbhéalacht shoineanta
　　a saoradh as teanga lucht feasa;
is bhí gach siolla ina ortha chosanta
　　ar na béimeanna súl a ba mheasa.

Chonaic mé é go dochloíte ag leasú
　　ithir bhocht dhomasach an tsléibhe;
is shantaigh mé an uaisleacht chaoin
　　i gcoraíocht dhian a shaoil.

Ach tá mé gan an dúthracht chiúin
　　a chloígh dó sliabh is seascann dúr;
is tá mé mar chách ag séanadh gnáis
　　faoi bhuarach báis na sráide.

## DÍLE

Agus mé ag fánaíocht i bhfeachtaí na hoíche
mar Noah in áirc a mhíshocrachta;
tig tusa, a éinín na cumha, le dea-scéala –
ológ chraobh chaoin na cinnteachta.

Ó thalamh slán mo shoineantachta,
agus tú ag tuirlingt orm go sochmaidh,
is mar scríste i gcnámha traochta
a mhothaím thú agus mar chuimhní ...

Cuimhní ... ar ghíoscán carr beithigh
an tSeascainn Mhóir i ndiaidh báistí;
ar bhristeacha geimhridh ag seitrigh
i gcoillidh giúise na Míne Buí.

Ar bhó bleachta sholas na maidine
ag líonadh bhucaod liathbhán na spéire;
ar ghrian chrúite an tráthnóna
ag innilt ar bharr Charn an Traona.

Ar sheilidí ag seinnt ann
ar choirnéidí a gcuid sliogán;
ar riteacht téad fidle
in eitilt na ngéanna fiáine ann.

Agus mé ag fánaíocht i bhfeachtaí na hoíche
mar Noah in áirc na hanachaine;
tig tusa, a cholm na cumha, le dea-chomhartha,
ológ chraobh chaoin na cuimhne ...

## TÁBHAIRNE AN TSATHAIRN, *CRICKLEWOOD*, 1972

Tháinig siad, an t-aonarán,
an t-uaigneach is an coimhthíoch,
fir fáin is fir racáin,
fir shochmaí is fir chuthaigh,
an t-oibrí díge is an *ganger* bradaí,
seandiúlaigh ghraosta is stócaigh shoineanta.

Tháinig siad ó lóistíní gortacha an doichill,
is ó sheomraí uaigneacha na nduáilcí.
Tháinig siad i gcultacha Domhnaigh, tháinig siad
    bratógach,
tháinig siad nuachíortha nite, tháinig siad salach,
tháinig siad dóighiúil, tháinig siad gránna,
tháinig siad ag santú síthe i dtearmann toigh an leanna.

Tháinig siad lena gcian idir dhá thír, lena gcrá i gcathair.
Tháinig siad le gabháil ar na cannaí is a gcumhaidh a chloí.
Tháinig siad ag cuimhneamh faltanais is ag cuartú díoltais.
Tháinig siad lena gclú a sheasamh is le buille a bhualadh.
Tháinig siad lena n-uaigneas a ruaigeadh sa tslua.
Tháinig siad lena mbuaireamh a fhódú i bhféintrua.

Tháinig siad le héalú óna mbeatha.

## BÉ NA SRÁIDE

Bíonn sí le feiceáil le titim na hoíche,
bé na sál ard a chuireann dé bheag solais
i gcoirnéal ghruama na gcabhsaí is na bpasáistí
lena sciorta buí giortach, lena búcla cruachghreanta,
le snua dearglasta a grua, le cocáin rua a cuid gruaige
agus í ar a camashiúlta meallacacha, dhá úll aibí
a cíche ar crochadh léithe go súmhar tarraingteach.

Agus í sa tsiúl thar chlubanna craosacha a bheathaíonn
mar chrumhóga ar dhuáilcí an duine, thar chaiféanna
gabh-i-leith-chugam a ní idirlinn bhinn i dtraochadh
an lae,
thar lóistíní caochthuirseacha na gcúplaí aon oíche.
Agus í á reic féin i margadh na fola is na feola, á díol féin
go rómhinic faoina luach, faoin ráta reatha ar mhaithe
lena beatha a shaothrú ar ghruaimhín chrua na hoíche.

Agus tig siad le sásamh a bhaint as a boige, an t-íseal
agus an t-uasal, fear an tsaibhris, an sagart faoi stró,
an t-oibrí bóthair, fear an ghnó, an fear nach dtig leis
a mhianta
a shásamh i leabaidh a phósta, an seanbhuachaill graosta,
an fear óg a bhfuil léim uaidh agus póg, an fear nach
n-éilíonn
ach fáisceadh béil is barróg, an fear lách, an fear in éide
mná,
an fear tostach, an fear caidreamhach, fear an anghrá.

Tá seantaithí aici ar chos ar bolg na cráifeachta
agus ar lámh láidir na mórálachta, ar fhir ar mhaith leo
a ndúil a bhaint aisti agus ansin í a thabhairt chun
creidimh,
agus déanann sí neamhiontas de na hachasáin bhagracha
a gheibh sí ó chléirigh is ó chreidmhigh, is ní chuireann

an masla a gheibh sí ó mhná teanntásacha na meánaicme
aon bheaguchtach uirthi. Seo a gnó is a gairm shaolta.

Seirbhís sheanársa an striapachais, is tugann sí
mar a thug mná ariamh anall ceithre chnámh a banúlachta
agus pléisiúr a pite d'fhireannaigh chráite na hadhairce,
agus is cuma caidé atáthar a rá go poiblí, tuigtear dithe
ina croí istigh gur ise is a cineál sábháil an phobail, iadsan
siúracha na trócaire a dhéanann friotháladh ar na fir úd
a d'imeodh chun donais de dhíobháil a gcaidreamh
    faoi choim.

Agus in ainneoin bhaol saolta na sráide agus contúirt
a gairme, aicídeacha na mball beatha, ansmacht
na b*pimps*, brúidiúlacht na bpóilíní, na fir a dhéanfadh
í a shárú, na fir a dhéanfadh í a mharú, masla agus
    magadh
an scroblaigh, tá sí le feiceáil le titim na hoíche, bé
na bpasáistí, aingeal glé na gcaolslite agus í ár mbeannú
lena gáire meallacach, lena haoibh Mhaigdileánach.

## Óstáin

### 1 Hotel Erotica

Tromosnaí cúplála
ó sheomra sa chúlra.
I mo leabaidh uaigneach
léim an Kama Sutra.

### 2 Heartbreak Hotel

Na *hangers* ina dtriantáin
ag cling cleangáil
i *wardrobe* an tseanóstáin
ar feadh na hoíche.

I gceolbhuíon na leamhan
iad glan as tiúin,
Stiúrthóir cráite
an tUasal Suan.

## Titim Amach

D'fhág tú mé
agus tú tógtha.

Sciorr tú amach
an doras go callánach
do shoc san aer
amhail is dá mbeifeá
ag éirí ó rúidbhealach.

De bharr an achrainn amaidigh
a d'éirigh eadrainn ar maidin
bhí tú déanach
ag do chuid oibre san aerphort.
Chuir sin olc ort.

D'fhág tú mé
i leabaidh
atá chomh fuar le haingear
is níl eiteoga ar mo chroí.

## SNAPSHOTS: LONDAIN, 1975

*Bréagchráifeacht 1*

An bhean chiúin
a bhfuil Búda mór
feistithe aici san fhuinneog,
chaith sí an mhaidin
ag cur nimhe ar na neantóga
is ag spraeáil na gcuileog.

*Bréagchráifeacht 2*

Stuaic na hEaglaise –
an gcuireann a géire
stuaic ar Dhia?

## Miontragóid Chathrach

1

Anseo ar ardán in Euston, i mo shuí go corrach ar mhála
atá lán de mhianta m'óige;
tá traein ag tarraingt amach go tíoránta, ag stealladh
beochréachtaí as mo dhóchas,
le buille boise gaile, le fuip fhada deataigh;
ach tugaim m'aghaidh ar an tsráid,
an ghrian ag gealadh i mo chroí, an samhradh ag borradh i
mo chéadfaí.

2

Tá beochan beag gaoithe ag tógáil sciortaí gorma
an tsiolastraigh
agus mé i mo shuí ar bhinse i measc na mbláth
i bhFinchley
ag féachaint ar shaighdiúir óg atá ag féachaint
ar na *poppies*;
é níos caoine ina dhreach, níos séimhe ina shiúl,
níos mó le mo mhian
ná an chailleach dhearg lena thaobh a bhfuil sac salainn
á dhéanamh aici le leanbh.
Piocann sé *poppy*, tiontaíonn a chúl liom go tobann,
agus as go brách leis as mo shaol,
gan amharc orm, gan labhairt liom, gan spéis dá laghad
a léiriú ionam.
Ó nach tútach an croí a théann i gcónaí isteach
i ndol an cheana!
Ó nach truacánta an gean nár chinniúint dó fás
is a theacht in éifeacht!
Tá lus an ghrá ag sileadh deora dearga éagmaise
is tá na *lupins* ina gcolgsheasamh
sa choirnéal, á dtaispeáint féin go magúil do na *pansies*.
Tá mise agus an chailleach dhearg
suite ar bhinse, an leanbh ina staic chodalta anois;
saighead álainn Chúipid
ag díriú a bheara labhandair orainn ón bhláthcheapach.

3

Tháinig mé anseo ó chnoic agus ó chaoráin,
Ó pharóistí beaga beadaí an bhéalchrábhaidh, ó bhailte
an bhéadáin, ó bhochtaineacht
agus beaginmhe mo mhuintire, ó nead caonaigh
 a gcineáltais,
ó chlaí cosanta a socrachta.
Teastaíonn fuinneoga uaim! Teastaíonn eiteoga uaim!
Tá mé dubhthuirseach de rútaí,
de bheith ag tochailt san aimsir chaite, de sheandaoine
ag tiontú ithir thais na treibhe,
ag cuartú púiríní seanchais a thabharfas cothú anama
 daofa
i ndúlaíocht ghortach an gheimhridh;
de dhomboladh na staire a chuireann samhnas orm;
de bhlaoscanna cinn mo shinsear
ag stánadh orm go námhadach ó chrann ginealaigh mo
 theaghlaigh.
Tá mé ró-óg do sheanchuimhní!

4

Tá an tsráid anásta seo as anáil i marbhtheas an mheán lae
agus í ag ardú na malacha
i nDollis Hill lena hualach de chúraimí an tsaoil;
línte níocháin a clainne
ag sileadh allais i gclúideanna salacha a colainne;
gearbóga gránna na buildeála
ag déanamh angaidh ina haghaidh liathbhán chráite;
smug bhréan an bhruscair
ag sileadh ó ghaosáin gharbhdhéanta a cuid cosán.
Siúlaim thairsti go tapaidh
agus léimim ar bhus atá ag gabháil go Cricklewood
    Broadway.

5

Tá glórthaí Conallacha, guthanna Ciarraíocha ag bláthú anseo
ar chrann ghéagach na gcanúintí,
agus i mbrothall na cathrach tá a mboladh tíriúil chomh fionnuar
le gaoth cháite ón tsáile, le ceobháisteach ón tsliabh.
Tchím iad anseo, mo bhráithre, bunadh na gcnoc agus na gcladach;
gnúiseanna eibhir, *gimp* na gcorr ina ngluaiseachtaí.
Iad chomh coimhthíoch sa tsuíomh seo le bairnigh na trá ag iarraidh
a theacht i dtír i gcoincréit na sráide.
Tchím iad, aithním iad, sa Bhell agus sa Chrown, fir
fhiáine mo chine
a bhfuil tallann na dtreabh iontu go fóill
ach a chaitheann an lá ag cur troda ar thaibhsí tormasacha a n-aigne;
na deamhain óil a chuir deireadh lena ndóchas.
Níl mé ag iarraidh go ndéanfaí faobhar m'óige a mhaolú is a scrios
le meirg an díomhaointis i seomra beag tais
an Uaignis, i gKilburn nó i dTufnell Park, i Walthamstow nó i Holloway;
i gCricklewood, i gCamden Town nó in Archway.
Ní mian liom mo shaol a chaitheamh anseo leis an Uasal Uaigneas
gan éinne ag tabhairt cuairte ar mo chroí.
Ina lámh dheas tá duairceas agus díomá, ina lámh chlé tá scian fola
agus Bás. Teastaíonn uaim tábla na féile a leagan don Áthas!
Teastaíonn uaim laethanta na seachtaine a ghléasadh in éide an aoibhnis.

6

Caithim seal i siopaí leabhar Charing Cross Road
ag *brows*áil i measc na m*Beats*;
Iadsan a bhfuil *voodoo* i *vibe*anna a gcuid véarsaí,
a chuireann mise craiceáilte
Sa chruth go bhfuil *buzz* ó gach beo agus go mbraithim
i dtiúin leis an tsíoraíocht.
Agus mé ag *swinge*áil suas an Strand go Drury Lane
tá gach ball díom ag ceiliúradh
ár ndiagachta saolta agus ár ndaonnachta diaga
agus ag diúltú don tréad.
I gCovent Garden tá an ghrian ina gadaí sráide ag piocadh
phócaí na gcoirnéal sa scáth;
agus tá na turasóirí cneadacha ag teitheadh i dtreo na
dtábhairní,
ag dul i bhfolach i dtithe bídh.
Téim faoi dhíon i gcaifé Meiriceánach. Tugann an freastalaí
mná
súil thaitneamhach domh
agus go tobann tig eiteoga ar mo dhóchas, fuinneoga ar mo
dhúthracht.
Tá Londain ag *rock*áil
in *amp* ard a gáire, i *swing* a cíche, i *hustle* a coise.

7

I leithris i bPiccadilly labhrann buachaill liom,
a shúile chomh ceansa
le dhá cholmán ag cuachaireacht sa chlapsholas.
Neadaíonn siad i ngéaga mo gháire.
I ndiamhaireacht na coille craobhaí a nascann ár gcéadfaí
    le chéile,
téann sé le craobhacha.
Lena theangaidh déanann sé m'aghaidh a ní agus a lí
i sobal chumhra a anála.
Fágann sé seoda a phóga ag glinniúint i mo shúile
ach le teacht na hoíche
a cheann faoina eiteoga, tréigeann sé mé.

8

Is mór an méala é ach anseo i mBerkeley Square
agus na réaltóga ar an aer
cha chloistear an filiméala níos mó ...
ach tá mo thriúr féin liomsa
ag ceiliúr i mo phóca, ag tógáil cian domh san oíche –
Ginsberg, Corsa agus Ferlinghetti.
Agus má sháraíonn orm leabhaidh na hoíche a aimsiú
dhéanfaidh siadsan mo shamhlaíocht
a shoipriú i bpluid ghleoite na spéire, mo bhrionglóidí
a shuaimhniú ar adhairt chinn na gealaí ...

*Londain, 1973*

## Gréagach

Cuimhneoidh mé orthu i gcónaí, na céimeanna
giúisbhuí chun do sheomra;

Na céimeanna casta crochta úd
sa tseanstaighre ghíoscánach –

Nótaí ceoil ab ea iad, diamhair agus doiligh
i *score* dhúshlánach na Seirce,

a thóg mise glanoscartha chun na Glóire
an oíche úd i gCricklewood,

Is a d'fhág sínte ar do leabhaidh séise mé,
a dhia álainn na Gréige.

## *Blues* na Bealtaine

Ar maidin Dé Domhnaigh
dúisím as mo chodladh
chomh cráite le seanmhadadh
A bheadh ite ag na dearnaidí.
buideáil, *butts* agus boladh
anseo is ansiúd fá mo leabhaidh
mar nach bhfuil tusa liom, a chroí,
i do luí anseo le mo thaobh.
Tá tú ar shiúl leis an *chreep*
a bhronn ort an *Ferrari.*

Ar maidin Dé Domhnaigh
gheibhimis na páipéirí i gcónaí:
Tusa an *Times* is an *Tribune,*
mise na cinn le *page three;*
Is léimis iad sa leabaidh,
Stravinsky againn ar an *hi-fi.*
Ach inniu tá na páipéirí gan bhrí
fiú amháin *page three*
nuair nach bhfuil tusa ann, a chroí,
le hiad a léamh leat sna blaincéidí.

Ar maidin Dé Domhnaigh
i ndiaidh babhta beag suirí
dhéanainnse an bricfeasta réidh;
ispíní, *toast* agus tae
is d'ithimis é sa leabhaidh
is muid ag pleanáil an lae;
Ach cén bhrí a bheadh i mbricfeasta?
Cén bhrí in ainm Dé
is gan tusa anseo fosta
le hé a ithe i mo chuideachta?

Ar maidin Dé Domhnaigh
dúisím as mo chodladh;

'Dhia, tá an teach seo folamh!
Ach féach! Os cionn na tineadh
tá seacht bpéire *panties*
a dhearmadaigh tú, a chroí;
bán agus gorm, dearg agus buí,
seacht bpéire *panties*, a chroí,
ag glioscarnaigh mar thuar ceatha
Domhnach dubh seo mo bheatha.

## Cor na Sióg

### 1

Tráthnóna samhraidh. Súil theasaí na gréine
ar an tsráid, ag griogadh na gcéadfaí
i ngach ní ar a dtuirlingíonn sí, scóig buidéil,
cnaipe *blouse,* úll i bhfuinneog, murlán práis.
Agus mé ag siúl thart ag baint sú as a cuid suáilcí,
tá sí ag caitheamh drithlí áthais ar an déagóir téagartha
atá ag imirt báil leis féin ar léana na himeartha.
Chím í ag baint spraoi as fuinneoga sollúnta an tséipéil
i Willesden. Anois tá sí ag tabhairt a thapú arís don
    tseanfhear bhreoite
atá 'mo threorú suas Walm Lane i dtreo an *Tube.*
Agus i dtrangáil an tráthnóna, i mbrú dhaonna na sráide
tá sí ag gliúcaíocht leis na súilíní allais ar chlár m'éadain,
ach fágaim i mo dhiaidh í agus mé ag gabháil síos sna
    duibheagáin.

2

Sa charráiste aithním buachaill as an bhaile.
I meangadh leathan a gháire tá fairsingeacht tíre.
Ó mhalacha arda a shúl tá amharc aeir agus aoibhnis.
Suím lena thaobh. Tá sé ag pilleadh óna chuid oibre i
    Queensbury –
ag *shutter*áil do *subbie* – fágann sé slán agam i bhFinchley
    Park
ach fanann boladh na móna óna chomhrá croíúil-cois-
    teallaigh
ag séimhiú mo smaointe agus sa spás tíriúil seo
a chruthaigh sé domh, tugaim taitneamh ó chroí do mo
    chomhphaisinéirí.
Na buachaillí a bhfuil a gcinniúint chodlatach
cuachta i bpáipéirí an tráthnóna; na fir thromchúiseacha
ag bábántacht le *briefcases* ag iarraidh a gcuid cáipéisí
corrthónacha a chur a chodladh; na mná atá ag léamh
    beathaisnéisí
saoil agus seirce a chéile i dtéacs líofa na ndreach.

3

Tuirlingím den *Tube* i dTottenham Court Road
agus caithim seal ag spásáil thart i Soho
ón Chearnóg go Carnaby Street.
Tá an áit seo aerach;
i bhfad Éireann níos acraí ná mar atá Coillidh Phrochlais,
áit a bhfuil an slua sí faoi ghlas.
Anseo tá na sióga ag *cruise*áil sa chlapsholas.
Tá siad tagtha amach as liosanna na heagla, as ráthanna
    an uaignis.
Tá siad ar a suaimhneas i saoirse shiamsach na sráide,
i measc na mianta agus na n-ainmhianta, na bhfaisean
    agus na bpaisean;
i measc bhanríonacha na m*boutique*anna, i measc *hustl*éirí
    haisíse,
i measc *hipst*éirí an cheoil. Tá siad ag baint sult as an
    tséideán sí
atá ag éirí ina gcéadfaí is a bhuaileas an tsráid ar ball
ina ghuairneán grá ... ina chuaifeach ceana.

4

I nGreek Street tugann diúlach gan dóigh cuireadh domh
a ghabháil leis '*to hoot and to honk, to jive alive, man*!'
I bhFrith Street taobh amuigh de Ronnie Scott's
agus mé ag léamh na bhfógraí, tig buachaill álainn
de shaorchlann an leasa chugam gan choinne;
dath na gaoithe agus na gréine ag snasú a chéile
i dtír shláintiúil a scéimhe. '*You like jazz*?', a deir sé
    go béasach,
agus i mbomaite tá ár n-aigne ag *jam*áil le chéile
i *riff* na haithne – Ella, Billie, Sarah, Aretha, Duke Ellington
agus Count Basie. Tá muid beirt ag tabhairt ómóis
don rítheaghlach chéanna. Tugann sé cuireadh domh go
    dtí a sheomra
i St. John's Wood. Búda os cionn a leapa, cipín túise
ár gcumhrú ó chófra, *jazz* ar an chaschlár.

5

É slíochta sciúrtha, a chneas chomh cumhra le clúimhín púdair;
a cheann catach déagóra ar mo bhrollach.
Tá muid beirt ar aon aois, ocht mbliana déag teacht an fhómhair.
Anois agus mé ag féachaint i ndoimhneas liathghlas a shúl
braithim go bhfuil saolta saolta curtha de aige;
go bhfuil sraitheanna feasa faoi cheilt i seandálaíocht a stuaime,
i gcré a chríonnachta. 'Tá muid in Aois an Dorchadais',
a deir sé liom, '*Kali yuga* an Bhúdachais, an aois dheireanach.'
Braithim chomh tútach i láthair a dhealraimh – é lasta le díograis,
ag míniú na gcoincheap Oirthearach domh: *Samadhi,*
*Samsara, Dharma* –
le Maoise agus é ina staic amadáin os comhair an Toir Thine.
Tá mé ag baint lán na súl as a aghaidh thanaí álainn, as grian a chnis;
ag éisteacht le snagcheol a chroí agus é ag teannadh liom i dteas ceana.

6

Anois tá *mantra* a anála ag oibriú ionam, 'mo thabhairt thar
na harda,
amach san aoibhneas, áit a bhfuil na réaltóga ag déanamh
cor na sióg
do *Jazzman* na gealaí.
Fágaim slán aige ar Abbey Road ach féachaim ina dhiaidh
go tochtach
agus é ag imeacht uaim, ag gabháil as aithne cheana féin
i *Samsara* na sráide, i measc chiaróga agus chuileoga na
hoíche.
In Aois seo an *Kali yuga* siúlaim 'na' bhaile sa tsolas
lán dorchadais.

## DÚIL

B'fhearr liomsa buachaill thigh an leanna
a bhfuil a chroí lán de theas ceana

Is a labhrann i laomanna lasánta
faoina dhuáilcí is faoina dhánta

Is a dhéanann gáire chomh gríosaitheach
le craos de mhóin chipíneach

Is a chaitheann spréacha óna shúile
a lasann tinidh mo dhúile

Ná Nefertítí í féin i mo leabaidh
is iontaisí na bhFarónna ar fud an tí.

## Half-Moon Street

Tig fear chugam ag iarraidh cleite daite
ó ruball an choiligh feá
a dhíol liom i bPiccadilly.
*Tá siad ag marú a chéile i dTuaisceart na hÉireann.*

Labhrann an bearbóir liom go neamhshuimiúil.
Ligeann sé dá chuid cainte
titim ag mo chosa mar ghruaig ghearrtha.
*Tá siad ag marú a chéile i dTuaisceart na hÉireann.*

Tá súil ocrach ag an chat ar an éan
ghormchleiteach chainteach atá crochta
i gcás slatach sa teach seo i Half-Moon Street.
*Tá siad ag marú a chéile i dTuaisceart na hÉireann.*

Tá an oíche chomh dubh le fiacal nimhe.
Tomaim buairt an lae i ndram beag fuisce
mar mo mháthair a chuireann a cár ar maos i mbabhla
    uisce.
*Tá siad ag marú a chéile i dTuaisceart na hÉireann.*

## Stonewall, 29/6/1969

Shéid sibhse na buabhaill
is las sibh na tinte,
bhí loinnir bhur lanntracha –
cé nach raibh iontu ach bataí –
níos taitneamhaí ná éirí
mhaiseach na gealaí
    ar oíche chaithréimcach an chatha,
    ar oíche bheannaithe ár mbeatha.

A bhéithe an *draig*, a bhanríonacha dhil',
is beannaithe sibh thar mhná an tsaoil,
le bhur neart agus le bhur mbrí,
le gean ar *ghays*, chun báis nó saoil,
is rinne sibh bruíon agus gleo,
    ar oíche ghlórmhar an chatha,
    ar oíche shlánaithe ár mbeatha.

Sibhse a rinne an íobairt mhór,
lámh ar láimh is buille ar bhuille,
bhearnaigh sibh an balla ard
a choinnigh muid i sáinn,
a choinnigh muid ónár ndúchas féin,
a choinnigh muid i lios an léin,
    roimh oíche righin an chatha,
    roimh oíche bruíne ár mbeatha.

Ní chloífear muid anois níos mó
le brúidiúlacht na bpóilíní.
Ní ghlacfaidh muid a thuilleadh
le tarcaisne lucht an dlí,
is ní luífidh muid síos níos mó
faoin lascadh ná faoin ghreadadh,
    ó tháinig oíche mhór an chatha,
    ó tháinig oíche tarrthála ár mbeatha.

Spréifidh mé bhur nglór
fríd ghleannta is bánta tíre,
ag déanamh lúcháire i gcroíthe
atá brúite, buartha, scanraithe;
is cé go gcuirfear as m'ainm mé
le rún mioscaise lucht na mailíse,
    cha séanaim oíche úd an chatha,
    ná oíche slánaithe ár mbeatha.

*Nollaig, 1974*

# III

# Sa Bhaile Arís

## Ag Déanamh Fómhair

Seo tusa ag oibriú na speile,
mise le do thaobh ag teannadh sopóige;
an bheirt againn ag déanamh fómhair
tráthnóna gréine i bPáirc na Díobhóige.

Ola róis an tsolais ag cur aoibhnis
ar na cnoic is ar na cuibhrinn;
tusa ag cur allais, d'aghaidh óg álainn
ar dhealramh bhuí an choirce, a chumainn.

Ar ball spréifidh an oíche a brat rúin
thar bhailte beaga cúnga an bhéadáin,
tráth a mbeidh mise agus tusa ag déanamh fómhair
inár ngort cluthair féin go lá.

## Rothaí Móra an tSaoil

An solas Samhnach seo atá ag fáil bháis
amuigh ansiúd i gcarn an aoiligh,
tiocfaidh sé chun beatha aríst, chun fáis,
i mbláth bán na bpréataí,
i lí ómra an choirce, i ndeirge na dtrátaí.

An buachaill seo i bpictiúr donnbhuí
ó thús an chéid, a aghaidh cráite
ag an ghrá chrosta a d'iompair sé ina chroí.
An grá séanta sin a d'fhág é breoite
tig sé chun solais ionamsa ina ghrá ghleoite.

## Glas

Ó d'imigh tú, a chuisle,
dúnadh na doirse
as éadan a chéile.

Tá glas ar dhoras
an aoibhnis.
Ní shiúlaim isteach
i dteach an phléisiúir
níos mó.
Ní dhéanaim mo ghoradh
ar theallach
an áthais.
Ní chaithim seal
ag airneál thart
ar thinidh an tsuaimhnis.
Ní thugtar cuireadh domh
thar thairseach
an tsonais.

Ní thig gaoth an ghrá
a thuilleadh
ina siorradh
ag séideadh isteach faoi
dhoras na gcéadfaí.

Ó d'imigh tú i gcéin,
a chroí,
tá mé faoi ghlas síoraí
ionam féin.

## Searc

Chuir mé mo shúile i bhfolach
faoi smúid na hoíche;
Ní amharcfaidh mé ort níos mó.

Chuir mé mo chosa i dtalamh
ag bun na dtrí gcríoch;
Ní shiúlfaidh mé chugat níos mó.

Chuir mé mo theangaidh i dtost
i ndíthreabh an tsléibhe;
Ní labharfaidh mé leat níos mó.

Chuir mé mo lámha faoi cheangal
le slabhraí an uaignis;
Ní chuachfaidh mé thú níos mó.

Chuir mé mo chuimhne as úsáid
faoi ualach an dearmaid;
Ní chronóidh mé thú níos mó.

Anois cuirim mo ghrá chugat
i mias seo na filíochta,
Ionas nach dtitfidh mé i ngrá leat ... arís.

## Amhrán na Maidine

*i gcead do Lorca*

Tá gáir chaointe an ghiotáir
ar obair.
Olagón an áir!

Mar ghloiní fíona á mbriseadh
tá an lá ag gealadh
ina smidiríní solais.

Tá grágarsach na bpréachán
i bhfostó i sceadamán
cúng na maidine.

Mar fhear dall sa tsiúl
tá ga gréine ag bacadradh
thar learg an tsléibhe.

Tá gáir chaointe an ghiotáir
ar obair
ag caoineadh ár ngrá
nach dtáinig ariamh i mbláth
ar chrann an ghrá;
Ó, a chraobh na n-úll ó
Ó, a chraobh na n-úll ó
Ó, a chraobh na n-úll ó
Is tú mo chaomhchruth go brách.

Ach oiread leis na blátha
atá ag feo ar na bánta
ní thig é a shrianadh.

Ach oiread leis an ghealach
atá ag sileadh fola
ní thig é a shrianadh.

Ach oiread leis an abhainn
atá ag caint léithe féin
ní thig é a shrianadh.

Tá gáir chaointe an ghiotáir
ar obair
ag caoineadh ár ngrá
nach dtáinig ariamh i mbláth
ar chrann an ghrá;
Ó, a chraobh na n-úll ó
Ó, a chraobh na n-úll ó
Ó, a chraobh na n-úll ó
Is tú mo chaomhchruth go brách.

## *Notturno*

Caoineadh na gcrotach i bhfásach na hoíche,
tá siad mar chroíthe cráite.

Níl ann ach go gcoinníonn néalta cúl ar dheora.
Éalaíonn osna ón spéir.

Cneadaíonn an ghealach codladh na locha
lena cumraíocht dhofhaighte

díreach mar a chneadaíonn tusa gach oíche
duibheagáin dhubha m'aigne

le do scáthchruth glé dofhulaingthe
nach ruaigfear go réidh.

Anois tá muid deighilte ó chéile go brách
amhail línte comhthreomhara,

is muid ag gabháil taobh le taobh, a shaobhghrá,
tostach gan teagmháil.

Ach anuraidh, anseo ag ceann Loch an Ghainimh,
oíche is an spéir ag spraoi,

thrasnaigh muid ár gcoirp is ár gcinniúint faoi thrí
i sceitimíní an ghrá,

is bhí ár leabaidh luachra lán de shabhaircíní
is de shamhailtí greannmhara.

Ach níl sna sabhaircíní anocht ach fiailí
seachas 'smugaí na sióg',

is ní '*spagetti* na gcaorach' iad a thuilleadh
na tomóga beaga luachra.

Caoineadh na gcrotach i bhfásach na hoíche,
tá siad mar chroíthe cráite.

Níl ann ach go gcoinníonn néalta cúl ar dheora.
Éalaíonn osna ón spéir.

## *Miondánta*

### 1 Spréach

Nollaig, an lá deileoir –
caor dhearg an chuilinn
mo théadh sa chistin.

### 2 Caill

Imeacht gan philleadh
atá i ngach tost de do chuidse, a ghrá,
agus i mbomaite fuarchúise
ligeann tú i ndearmad mé go brách.

### 3 Ceacht

An colm ar a bheola:
*comma* ar ghnách liom moilliú air tráth
agus mé ag foghlaim a phóga.

## Ceacht an tSiúinéara

*i gcead do Guillevic*

Shonraigh mé an siúinéir
ag teacht le cláraí.

Shonraigh mé an siúinéir
á ngrinniú go beacht.

Shonraigh mé an siúinéir
á riaradh dá phlána.

Shonraigh mé an siúinéir
á snoí le slacht.

Bhí ceol ina chroí
agus é ag siúinéireacht,

is tá m'umhail ar a shamhail
lena cumhracht chrannach

nó saoirsímse focail
ach – díobháil ceirde!

## Cailín Aimsire

Ag siúl amach ar maidin
ceo bog an tsamhraidh
chomh sochmaidh mín
le fionnadh coinín
nó leis an línéadach,
úr, cumhra, grástúil,
a leagaim go cúramach
ar leabaidh shúgach an tsagairt.

## Go Díreach le Bheith Dúchasach

Bheinn beo
ar bhiolar is ar shamhadh
i mám do mhása
is d'ardóinn bratach
na bpiteog, a chroí,
ar chrann scóid do bhoid
i mBáidín Fheilimí.

## Lesbos

Mise an fharraige:
Buitseachán mná,
'sí an spéir mo ghrá geal,
m'aingeal na boige.

Déanaim í a mhuirniú
leis an ghal teasa seo
a éiríonn ó mo bhléin
go hainmhianach.

Déanann sise
mé a phógadh go díograiseach
leis na deora solais
a thiteann go flúirseach
óna réghnúis
réaltógach.

## Gealach an Fhómhair

Gealach bhuí chaoin
ag titim chun boilg –
í chomh líonta le *pumpkin*.

## Yevtushenko

*i gcead don údar*

*Tá misneach agat!*,
a dúirt siad go moltach
amhail is gur gaiscíoch cróga
a bhí ionam, lán d'uchtach.

Ach creid mé, ní fíor é.
Ní raibh mé riamh misniúil
ná baol air, nó go fiú spreagúil.
Dána, b'fhéidir, in amanna.

Ach shíl mé i gcónaí
go raibh sé gránna
géilleadh don cham
agus don chur i gcéill.

Níor bhain mé croitheadh
as dúshraith an Stáit
is níor chuir mé an tóir
ar dheachtóir.

Ach dhiúltaigh mé umhlú
don gháifeacht
nó tabhairt isteach
don ghalamaisíocht.

Chum mé dánta
ag móradh na daonnachta
is dínit an duine.

Cháin mé na húdaráis
a chuir an fhírinne as riocht
ar mhaithe lena gcumhacht
a láidriú is a bhuanú.

Chosain mé an t-údar
a labhair go neamhbhalbh
ar a raibh ceilte,
ar a raibh caillte,
ar a raibh curtha i gcomhad.

Ní raibh ann ach go raibh mé
ag iarraidh seasamh
lena raibh ceart, lena raibh cóir.

Agus seo iad go fóill
ag móradh mo mhisnigh
amhail is gur laoch dochloíte
a bhí ionam.

Beidh náire shaolta
ar na glúnta atá le teacht
agus iad ag cuimhneamh
ar ré seo an bheaguchtaigh

gur tugadh fear misnigh,
fear gnímh,
ar an té nach ndearna
a dhath

ach labhairt amach
go macánta.

## CUMHA NA GCARAD
*i gcead do Yevgeny Yevtushenko*

Tá sé seachantach,
seachantach agus doicheallach,
mo sheanchara a bhí chomh haigeanta,
a bhí chomh saor ó chrá croí
le scológ cheoil an smólaigh.
Anois tá sé tostach,
tostach agus diúltach,
agus é ag conlú chuige féin go dúranta,
ag cúngú le méid a léin
isteach i bpríosún dá dhéanamh féin.
Agus ó chuir sé a aigne faoi ghlas
an doichill, d'imigh sé as aithne,
óir cha sceitheann sé a smaointe
le héinne, fiú go briste i dtocht caointe,
agus braithim an buaireamh ag borradh
ina chliabh, ag cruinniú agus ag creimeadh.
Agus is eagal liom pléascadh.
Ach ní pléascadh a thig
ach osna.
Agus is cosúil an osna
le siosarnach ghaoithe
i dtithe tréigthe Mhín na Craoibhe,
le glug glag an gheimhridh
i bpoill bháite na Míne Buí.

Bhí mise go muiníneach tráth
is mo chroí níor cheil mé ar chách
ach rinne cailleach dhímheasúil na Cinniúna
ceap magaidh de mo ghrá;
is anois tá mé seachantach,
anois tá mé doicheallach,
is braithim in amanna i bpubanna
plúchtacha, pléascadh ag corraí i mo chroí.

Ach ní pléascadh a thig
ach osna
agus is cosúil an osna
le siosarnach gaoithe
i dtithe tréigthe Mhín na Craoibhe,
le glug glag an gheimhridh
i bpoill bháite na Míne Buí.

A sheanchara sheachantaigh!
A sheanchara dhoicheallaigh!
Suímis síos mar ba ghnách
is líonaimis gloine dá chéile
thart ar thinidh na féile
is ligimis osna,
an t-am seo le chéile.

## MANDELSTAM AR LEABAIDH A BHÁIS

Thug mé dúshlán na droinge
a dúirt nach bhfuil i bhfilíocht ach
caitheamh aimsire gan éifeacht.

Labhair mé ar rudaí a raibh sé
crosta orainn trácht orthu
i ré seo na hurchóide, ré seo na héagóra.

Is bhain Stalin, aintiarna an uafáis,
fuil an díoltais asam
as a mhíghníomhartha a nochtadh.

Ach as créachtaí mo bháis tiocfaidh
sileadh focal, tuile thréan na fírinne
a dhéanfas é a dhamnú go síoraí.

Tugaim dúshlán an tíoránaigh
a chuir cosc ar mo shaothar.
Canfar mo dhán is a ainm siúd i léig.

## Ceist

An gcaithfidh mé mo shaol ar an ealaín seo
ag cur focail i gceann a chéile le hiad
a spreagadh i ndúil is go gcanfaidh siad
amhrán a n-ansmachta amach go beo?

An gcaithfidh mé ar fhoghlaim mé le mo linn
a ligean i ndíchuimhne, múnla m'aigne
a chur dá threo, béas is béascna mo dhaoine
a dhiúltú sula nochtfar a bhfuil i gcúl mo chinn?

An gcaithfidh mé blaosc na céille a réabadh
sula gcluinfidh mé, sula bhfeicfidh mé
an saol as an nua, sula mblaisfidh mé
an Briathar sa chruth go dtig liom é a athchruthú?

## Athair

I gceann do naoi mbliana
bhí tú i do bhuachaill aimsire
amuigh ar an Lagán
i bhfad ó chúram do mhuintire.

Ansin an obair shéasúrach
ar fheirmeacha sna Midlothians:
Abbey Mains, The Knowes,
Harelaw, Morkel, Beanston Mains.

Chaith tú do shaol anonn is anall
go hAlbain. Cha raibh a athrach
fá do choinne nuair nach raibh
páighe agat sa bhaile ná teacht isteach.

Saol bocht na mbotaíocha, míola
leapan, luchóga móra, brachán lom,
agus ar an tSatharn in Haddington nó in Duns,
deoch nó dhó agus scríste bheag ón obair throm.

Agus bhí an fhilíocht leat i gcónaí,
Burns i dtaiscidh agat i d*tartan*
le focla misnigh a chur i do chluais
fríd an treabhadh, an fuirseadh is an cruatan.

Teacht na Nollag thiocfá 'na' bhaile,
tuarastal an tséasúir i do sparán;
an saothrú cruaidh
a lig domhsa mo dhán a leanstan.

## Portráid Teaghlaigh, 1973

Bhí m'athair i mbarr a chéille
ag éisteacht leis an nuacht
ó Thuaisceart na hÉireann, na Caitlicigh
faoi léan is na Gaill róthréan.

Bhí mise i ré dhorcha na broide
le Ó Rathaille is le Ó Bruadair,
cráite ag turnamh na dtréan
is ag tonnbhriseadh an tseanghnáthaimh.

Bhí mo mháthair imithe craiceáilte,
fuadaithe ar shiúl leis na sióga
go tír dheas na meala nach bhfuair
Gaill inti cead réime go fóill.

## Measpatáime Mhín a' Leá: Dhá Dhán

1

In Ur
na Measpatáime

thuirling splanc
dhiaga
ar an duine
ó chroí na hUile.

Labhair file.

Inniu
cluinim úrnóta fuaime
na Measpataíme
ag cuisliú go fóill ar fud na cruinne,

ag lorg urlabhra
ó dhuine.

2

Chaith mé an mhaidin in Ur
ag dreapadh go réidh
Ziggurat mór na cathrach
suas fánaidh Bhinn an Eidhneáin
ceithre mhíle bliain
roimh an mheán lae.

Ina dhiaidh sin thug mé m'aghaidh
ar ghnáthchúrsaí saolta an lae.
Scríobh mé litir impíoch
chuig fear an bhainc. Thóg mé claí
gan mhaith. D'ól mé barraíocht tae.

Ach le luí na gréine
seo mé i mo shuí
ag déanamh cuideachta leis na mná
i ngairdín crochta na Bablóine
ar mhalaidh aiteannaí i Mín a' Leá.

## SEANBHAITSILÉIR NA GCNOC

Bhainfeadh boladh na cisteanadh
an anáil díot ag gabháil isteach;
a chuid madadh ag gnúsachtach
ar chladach na tineadh
agus na cearca ag scríobadach
sa bhroc a bhí ar an urlár.

*'Ní mór do dhuine a bheith ordúil',*
*mar a dúirt an té a scuab*
*an luaith siar faoin leabaidh*
*leis an diosclaid,* a déarfadh sé
agus é ag breathnú thart go sásta
ar a sheanbhatálach cónaithe.

Chuir an bia garbh a d'ith sé
gaoth ar a chuid putógaí.
Ligfeadh sé urchar uaidh gan náire
ba chuma cá raibh sé.
*Tá'n Cogadh Mór ar obair aríst!,*
agus dhéanfadh sé a sháith gáire.

Cha raibh lámh mná le sonrú
ar bhall ar bith den teach.
*Caidé a bheinn a dhéanamh le bean,*
arsa seisean go haicearrach,
*nuair a thig liom an úthairt uilig*
*a dhéanamh níos fusa liom féin?*

Níor cluineadh gáir linbh sa teach
le corradh agus trí scór bliain,
ó bhí sé féin ina naíonán sa chliabhán.
Seanbhaitsiléir de chuid na gcnoc,
rinne sé bánaíocht leis na madaidh
leis an uaigneas a choinneáil ó dhoras.

*Tig muid agus imíonn muid mar dhuilliúr*
*na gcrann,* a dúirt sé liom, tráthnóna sa dúluachair,
agus siorradh gaoithe ag scuabadh na sráide.
*Ach tá sé de bhuaidh ag na duilleogaí*
*go dtig leosan bás a fháil*
*agus iad ag damhsa sa ghaoth.*

## Lig Isteach an Solas

Ná bíodh do cheann sa chré,
fada buan a bheas tú ann;
seo an saol is áille gné,
tóg suas do cheann le fonn.

Is féach uait an t-aoibhneas,
an domhan glas uileghnéitheach;
na cnoic faoi sholas, crainn ag fás
faoi spré na gréine maidin dheas.

## Na Trioblóidí: Trí Dhán

### 1

### M'athair

*Tá Béal Feirste ina chaor lasrach,*
a deir m'athair liom go himníoch.
Scaoileadh, dódh agus pléascadh
ar fud sráideacha na cathrach.

Faighim cuireadh le mo dhánta a léamh
sa chathair chíréibeach seo ó thuaidh,
ach agraíonn m'athair orm go heaglach:
*A mhic ó, is breá liom do bhuaidh*
*filíochta ach creid mé, níl sé indéanta –*
*cha dtig 'gabháil in éadan na bpiléar le dánta.*

2

## Seachrán

Tá síol Uí Néill ar lár
is dúthaigh an Fheadha
ó mhullach Shliabh gCuilinn
go hÚrchill an Chreagáin
faoi dhúnta na nGall.
Ní thiocfaidh na bráithre thar sáile
le flít d'fhearaibh óga na gaile,
is níl ag teacht ó béal na bhfilí
ach caint mharbhánta mhall.
Tá Róisín Dubh imithe le Béarla.
Is tá mé féin ar seachrán sí
áit inteacht idir Corr an Chait
agus Casadh Cam na Feadarnaí.

3

## An File

*Tá mé tógtha,* a deir sé, *ár ndaoine ó thuaidh*
*a mbrú arís faoi shála na nGall.*
*Ba mhaith liom a bheith ar thús an tsluaigh*
*ag agóid ar Bhóthar na bhFál*
*ach tá mé srianta, faraoir, ag cúinsí pearsanta.*

*Nach é cúram na mbard is na ndruadh,*
a deir sé go mórluachach, *faobhar géar na cainte*
*a choinneáil i mbéal ár gcuid dánta?*

A dhánta! Níl iontu ach lann mhantach.

## Do Rimbaud ó Mhín na bPoll

Tá a bhfeicim inniu ag taitneamh faoi sholas do dháin:
Eas na hAmaide ina bhé álainn
agus í á ní féin i gceo bruithne an chaoráin,
éan ceoil ina shuí ar a gualainn.

Thug tú mé go críocha nach bhfuil fós ar léarscáil,
a bhuachaill bháin, le d'aoibh bábóige;
b'aoibhinn *déjeuner sur herbe* a chaitheamh leat inniu
is an lá chomh *gai* le ruball péacóige.

## Rimbaud

Á, a Rimbaud, spréigh tú d'eiriceacht ghlórmhar
i dteampall na hÉigse.
Shéan tú deasghnátha sácráilte an Dáin.
Shatail tú ar sheanmóir na Prosóide.
Bhréagnaigh tú foirm, bhagair tú friotal,
chuir tú comhréir ó chuma.
Bhí úire nua lúcháireach le cruthú agat,
domhan de do dhéanamh féin
le suíomh agat i measc na reanna neimhe,
ansiúd le Villon agus le Baudelaire.

I gceann do shé bliana déag mheall tú Verlaine
as toirchim thámh an phósta.
Thug sibh bóthar an tseachráin oraibh féin go fonnmhar,
ag diúltú do shaol mheastúil an teaghlaigh.
Cheiliúraigh sibh págántacht na soineantachta
i bPáras, i Londain agus sa Bhruiséal.
In bhur bpróisisiam dhiaga, dhiamhaslach, dhrabhlásach,
shiúil sibh thar reachta na coitiantachta.
Bhlais sibh a raibh toirmiscthe, a raibh coisricthe,
agus sibh sa tóir ar an Fhoilsiú Úr.

Seo tú anois ag aifreann mheán oíche na ngealt
ag tabhairt an Toirbhirt sa Teampall
ó do leabhar rónaofa sóláis, ó do shoiscéal solais.
Umhlaím agus glacaim an briathar beo
a ofrálann tú faoi ghné fola agus feola do Dháin.

## NÓTAÍ BEATHAISNÉISE, 1975

Tá mé suáilceach,
leathamaideach,
corrthónach.
Níl mé uilig ann.
Tá ceo gealaí ar mo smaointe.
Seo Suibhne Geilt ina shuí
ar cholbha mo leapa
ag caitheamh seileoga dímheasa
ar mo dhánta.
Dóim túis
as Varanasi na hInde
lena shúil mhillte
a chur ar fionraí.
*Túis mhaith leath na hoibre,*
a deir na saoithe.
Uair sa ré
bíonn físeanna agam sa leithreas
agus aislingí i gcarn an aoiligh.
Sin an cineál duine mé.
Chan bréag domh a rá
nach dtig focal céillí
as mo bhéal,
ach amháin
nuair a bhím ag amaidí.

*Bí mar chách,*
*bí i do ghnáthdhuine,*
*bíodh do dhearcadh*
*ag teacht le dearcadh*
*an Phobail.*
*Bí chomh modhúil le huan caorach.*
*Bí chomh humhal le peata madaidh.*
Breast liom
an múnlú díobhálach seo!

Diúltaím
don tógáil lochtach seo.
Seo fuadach na haigne.
An duine a ghéilleann dó,
fágtar ina mhalartán é,
ina iarlais.
Tugaim eiteach don tsaol
éagbháis seo.
Éist liom!
Tusa,
a bhíonn ag iarraidh
comhairle mo leasa
a chur orm:
Tusa
a bhfuil do dhearcadh
chomh dúr le cáipéis dlí,
fan amach uaim.
Coinnigh do ghaosán fiosrach
as mo ghnoithe.
A dhéithe an tsléibhe
saoraigí mé, cosnaígí mé,
ón phost bhuan le pinsean,
i gcoirnéal mhífholláin éigin
den Státseirbhís,
san áit a mbeinn
ar bhacán téide na humhlaíochta
ag rúnaí beag déanfasach gach lá.
B'fhearr liom
a bheith beo ar an bheagán
i mbothán sléibhe,
agus síneadh saor scóipiúil
na Samhlaíochta
a bheith agam,

ó éirí go luí na gréine,
ná bheith faoi umhlóid
do chigire ramhar ceann roinne,
nó d'fhear bheagfeidhme
na ceannsmachta,
i rang scoile nó i rannóg stáit.
Is minic a thig an chré bhuí
chun tosaigh i mo dhúchas.
Dá ndéanfainn tochailt síos i m'aigne
thiocfainn ar shraith
i mullach sraithe
de chionta mo dhaoine.
Mothaím iad ag déanamh
cos ar bolg ar mo mhianta.
Ach chan tráth suí atá ann
ag déanamh buartha.
Is mian liom a ghabháil i gcéin
agus na tíortha a shiúl,
teorainneacha a thrasnú,
comharsanacht mhaith
a dhéanamh le mo chomhdhaoine
i bPáras, i bPapua New Guinea, i bPatagonia.
Aistear nach mbeidh ceangailte
idir dhá cheann na himní
a shantaím.
Aistir an iontais
i gcríocha coimhthíocha mo dháin.
Beidh mé san oíche i mBabylon
is ar maidin san Éigipt Mhór.

Beidh mé i mo luí le Rimbaud
aoibhinn na rún;
Aingeal an Uabhair,
agus domhan úr a dháin

á sceitheadh go tréan aige
as féitheacha diaga a óige.
Beidh mé le hOscar
gealgháireach na gnaoi,
agus iad á dhaoradh go míchéillí
i gcúirt ghránna an aindlí.
Beidh mé leis
agus é ag éirí ar ball
as tumba fuar a dhaortha.
Beidh mé leis
agus é ag glacadh seilbhe
ar a nádúr dhlisteanach
sa chruth go dtig leis
muid a shlánú.
Beidh mé le Verlaine
béalbhinn an ólacháin,
agus é ag ceol as na duibheagáin
ar an Rue de Rivoli.
Beidh mé leis
in Auteuil agus sa Bois de Boulagne
agus é ag caoineadh
Lúcien Létinois
i mbásrannta, croíréabtha a dháin.

Beidh mé leo i dtólamh
i mo shamhlaíocht
óir is iadsan mo laochra;
mo chuid soilse comharthaíochta,
lucht na bua,
a d'fhógair an Briathar
as an nua.
Is ní thig liom
gan mo thríonóid rónaofa a lua:
Whitman, Cavafy agus Lorca.

Iadsan nár ghéill
is nár umhlaigh
do chumhacht na gCeartchreidmheach,
ach a shiúil
go cróga, dolba, spreagúil
in am nach raibh báúil
síos an Cosán Cam.
Seo mo lámh daoibh,
tugaigí thar an áth mé,
go bruach an tsaoil úir,
san áit a bhfuil mé ag dúil
le húire nua
meoin agus dearcaidh.

Tá mé ceanndána,
uaibhreach,
místiúrtha,
ach os a choinne sin
tá mé lán de chomhbhá
le dúile eile na cruinne.
Ní ghéillim
do reachta smachta na hEaglaise,
a dhéanann searmanas báis
as míorúilt na beatha.
Dá rachainn isteach
i mbocsa an éistigh
mhúchfaí mé.
Tá mo lé
leis na bandéithe.
Tá meas acu ar ghlas.
Chucusan mo phaidir agus mo chré.
Creidim i sacraimintí
na séasúr,
agus i dtíolacthaí glórmhara
na gréine.

Oraibhse, a bhandéithe,
tá mé ag iarraidh achainí:
*Apaigí an mhian*
*atá istigh ionam.*
*Mar a chuireann sibh borradh*
*i mbachlóga an Aibreáin,*
*cuirigí spreagadh fáis*
*i mo theangaidh,*
*tabharaigí chun toraidh í.*

Tá mé seachránach,
as alt,
marbhánta;
níl mé uilig ann,
ach diaidh ar ndiaidh
le cuidiú na mBéithe
aimseoidh mé
an chuid díom féin
a tugadh as.

*Márta, 1975*

## Rún Buíochais

Ba mhaith liom mo bhuíochas a ghabháil le Seán Ó Cuirreáin a chonaic splanc éigin den fhile ionam na blianta fada ó shin agus a d'fhoilsigh an cnuasach seo a chéaduair in 1975. Chuir sé bun beag fúm ag an am agus thug sé dóchas domh leanúint ar aghaidh leis an chumadóireacht.

Ba mhaith liom buíochas a ghabháil le hAlan Hayes agus Arlen House atá ag plé le mo shaothar le fada. Tugann siad spreagadh, comhairle a leasa agus tearmann anama do líon mhór scríbhneoirí idir shean agus óg, mé féin ina measc. Tá a mhéar ag Alan ar chuisle litríochta ár linne.

Mo bhuíochas le Anna Bean Mhic Laifeartaigh (Anna Ní Dhomhnaill) atá rannpháirteach liom le blianta i gclóscríobh an tsaothair, á ullmhú agus á chur faoi réir do na foilsitheoirí éagsúla a mbím ag déileáil leo. Pléisiúr atá ann a bheith ag comhoibriú le hAnna. Tá an teangaidh ar a toil aici, teangaidh a bhfuil craiceann uirthi agus atá léithe ón chliabhán bhinnbhriathrach a bhí aici i Rann na Feirste agus í ina tachrán.

Ba mhaith liom buíochas a ghabháil le Reuben Ó Conluain as a chomhairle i gcúrsaí gramadaí, agus as leasúcháin eile atá déanta aige ar an téacs. Is mór agam an spéis leanúnach a chuireann sé i mo shaothar agus an síorphlé a bhíonn eadrainn fá fhocla agus fá nathanna cainte. Is minic gur Reuben an té is túisce a chluineann an chéad dréacht de dhán atá idir lámha agam agus is breá liom i gcónaí a bhreithiúnas ar na hócáidí seo. Tá sé lánábalta ionramháil ghlic a dhéanamh ar an teanga agus na sean-nathanna a bhaint as a gcleachtadh. Taitníonn an chlisteacht foclaíochta seo liom agus is minic go dtéann an t-imeartas focal a bhíonn ar siúl aige chun sochair do mo dhán.

Ba mhaith liom fosta buíochas a ghabháil le Seanán Mac Aoidh a rinne clóscríobh ar chúpla ceann de na dánta seo. Is mór againn go bhfuil sé lonnaithe inár measc agus ag stiúradh Ionad Oidhreachta na Seanbheairice go tréitheach tionsnaitheach. Tá sin á dhéanamh aige le samhlaíocht agus fuinneamh na hóige.

Ba mhaith liom mo bhuíochas ó chroí a ghabháil le hEalaín na Gaeltachta a bhronn sparánacht orm in 2019 le díriú isteach ar na saothair éagsúla próis agus filíochta atá idir lámha agam i láthair na huaire. Tá obair mhór á déanamh acu ag tacú le healaíontóirí na Gaeltachta agus ag tabhairt ceannaireachta i dtaca le cur chun cinn na n-ealaíon ó Na Dúnaibh go Dún Chaoin. Tá toradh a gcuid oibre le feiceáil sa bhorradh suntasach atá tagtha faoi chúrsaí ealaíne i ngach coirnéal de Ghaeltachtaí na tíre. Chan rud imeallach, scoite, deoranta í an ealaín ach gné lárnach de shaol agus de shaíocht an phobail. Glacaimid leis anois go bhfuil an tsamhlaíocht fíorthábhachtach i bhforbairt an pháiste, i bhfás an duine, i mbeathú anama an phobail. Faoi stiúir Mhicheáil Uí Fhearraigh agus i bpáirtíocht lena chuid timirí éifeachtacha agus le spreagadh an Bhoird, tá ré níos dóchasaí agus meoin níos dearfaí buailte linn uilig atá ag saothrú na n-ealaíon sa Ghaeltacht.

Sna blianta go raibh mé ag cumadh na ndánta seo bhí 'Trioblóidí an Tuaiscirt' i mbéal an phobail. Achan lá bhí scéal uafáis éigin ar An Nuacht, ionsaithe paraimíleata, bobghaistí, pléascáin, saighdiúirí faoi airm agus éide ag patróláil na sráideanna. Bhíodh m'athair ag éisteacht leis an raidió achan lá – cha raibh teilifís ar bith againn ag an am sin. Is minic a chonaic mé deora lena shúile agus é ag éisteacht leis na scéalta léanmhara seo ón Tuaisceart. Bhí meas mór aige ar Bernadette Devlin agus cheannaigh sé a cuimhní cinn *The Price of my Soul* chomh luath agus a foilsíodh an leabhar. Blianta ina dhiaidh sin bhí lúcháir an domhain ar Mhicí bualadh léithe nuair a sheol sí leabhar de mo chuid féin i nGort a' Choirce. B'eisean an fear bródúil an oíche sin nuair a chuala sé Bernadette ag moladh filíocht a mhic. Bhain sin deoir eile as, deoir bhróid.

Cha raibh dánta ar bith faoi ghéarchéim an Tuaiscirt in eagrán na bliana 1975 den chnuasach seo. Bhí go leor ábhair faoi dhrochstaid na cúige i mo chuid nótaí; dánta leathscríofa, línte fánacha a raibh gealladh iontu. Ba leor sin mar spreagadh le cló éigin níos saothraithe a chur ar an ábhar.

# Faoin Údar

Ba sa bhliain 1975 a tháinig a chéad chnuasach *Miontraigéide Cathrach* (Cló Uí Chuirreáin, 1975) amach. Ar na leabhair is déanaí uaidh tá *Aimsir Ársa* (Arlen House, 2013) – bronnadh duais an Oireachtais ar an tsaothar seo; *An Fear Glas : The Green Man* (Arlen House, 2015); *An Bhé Ghlas* (Leabhar Breac, 2016) ar bronnadh Duais an Oireachtais air fosta; *Lugh na Bua : Lugh The Deliverer* (The Onslaught Press, Oxford, 2017); *Teach an Gheafta,* úrscéal (Leabhar Breac, 2018); *The View from the Glen,* aistí i mBéarla (The Onslaught Press, Oxford, 2018); *Rocabillie Balor,* ceoldráma (The Onslaught Press, Oxford, 2019). D'fhoilsigh The Irish Pages Press *Crann na Teanga : The Language Tree,* mórchnuasach dá chuid filíochta aistrithe go Béarla ag Paddy Bushe in Eanáir 2019, agus an bhliain ina dhiaidh sin foilsíodh *Laoithe Cumainn* (Arlen House, 2020). Bhuaigh An Searcach The Irish Times Literature Award in 2000 agus bronnadh The Ireland Fund Literary Award air in 2007 as feabhas a shaothair i nGaeilge. Roghnaíodh *By the Hearth in Mín a' Leá* (Arc Publications, 2005) mar Poetry Book Society Recommended Translation sa Bhreatain in 2006. Tá cónaí air i Mín a' Leá faoi scáth na hEargala i dTír Chonaill. Tá sé ina bhall d'Aosdána. Tá Leabhar Breac lena shaothar próis is déanaí, úrscéal faoi shaighdiúir sa Chéad Chogadh Domhanda a fhoilsiú níos faide anonn in 2021.